MALTA

EIN BUCH DER
EDITION MICHAEL FISCHER

Für Linda, Max und Leon,
meine Vorfahren und die
Menschen Maltas

MALTA
DAS KOCHBUCH

SIMON BAJADA

Traditionelle Rezepte
für mediterrane Reiselust

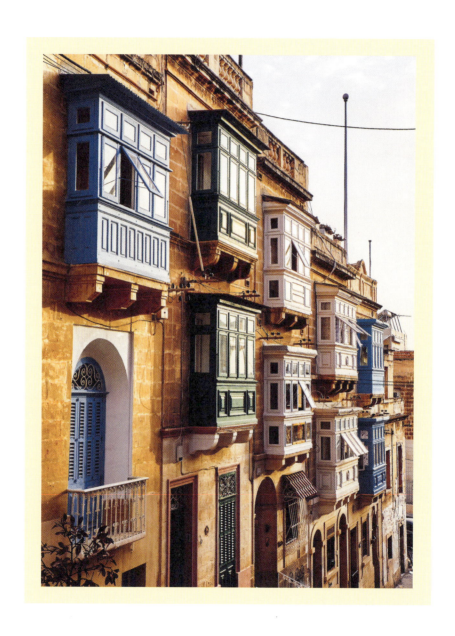

VORWORT

Von Pippa Mattei und Julia Busuttil Nishimura

1698 berichtete ein russischer Malta-Reisender, dass es in Valletta ... *viele Geschäfte und Waren aller Art gab, und dass es vielerlei Brote und Lebensmittel gab und auch viele Früchte, und dass das Essen nicht teuer war.*

Die maltesischen Inseln, zwischen Nordafrika und Süditalien gelegen, sind mit geschützten Häfen, Buchten und Meeresarmen gesegnet. Ihre Geschichte ist davon geprägt, ein Zufluchtsort und Kreuzungspunkt zu sein, der für strategische Zwecke von Interesse war. So wurden die Inseln eine Art Boxenstopp für seefahrende Kaufleute, und mit der Ankunft der Johanniter aus Rhodos wurde Maltas maritime Rolle zusätzlich gestärkt. Es blieb bis Mitte des 20. Jahrhunderts ein wichtiger Stützpunkt im Mittelmeer.

Die meisten maltesischen Gerichte sind eine kuriose Mischung aus verschiedenen Einflüssen — Handel, Kolonialismus und einheimische Produktion prägen sie. Und sie sind wesentlich älter, als man glaubt. In Malta gibt es Bienenstöcke, die bis in die Römerzeit zurückreichen, und wir können uns rühmen, dass bei uns bereits Mitte des 16. Jahrhunderts Kaffee und Schokolade konsumiert wurden. Das würde erklären, warum wir ein festliches Kastanienrezept in gewürzter und mit Zucker gesüßter heißer Schokolade, bekannt als *imbuljuta*, immer noch Heiligabend nach der Mitternachtsmesse zu uns nehmen.

Im Laufe der Jahrhunderte haben uns die Rezepte und Produkte Maltas ernährt und am Leben erhalten, selbst in Zeiten des Mangels, wie zum Beispiel während der Belagerung im Zweiten Weltkrieg. Unsere Verbindung zur Vergangenheit lässt sich anhand der Mahlzeiten, die wir auch heute noch genießen, besser verstehen.

Wenn man durch eine Dorfstraße in Malta oder Gozo schlendert, kann man die wunderbaren Aromen wahrnehmen, die aus den Häusern und Bäckereien, in denen gerade gekocht oder gebacken wird, strömen — eine köchelnde Gemüseminestra, eine kräftige Fischsuppe, die *aljotta*, mit Ricotta gefülltes Gebäck, genannt *qassatat*, und natürlich der unverwechselbare Duft der maltesischen *ħobża*, der aus dem Holzofen der Dorfbäckerei, die sich nur wenige Schritte von der Pfarrkirche befindet, aufsteigt.

All dies weckt den Appetit auf eine typisch maltesische Mahlzeit, die mit Liebe und den frischesten Zutaten, die ein paar Stunden zuvor beim Gemüsewagen, dem Fischhändler oder dem Dorfbäcker erworben wurden, zubereitet wird!

Für alle, die in Malta aufgewachsen sind, sind die Erinnerungen, die mit Essen und Familie einhergehen, tief verwurzelt. Wer könnte je vergessen, wie er/sie nach einem Bad im glitzernden Mittelmeer einen wunderbaren *ħobż biż-żejt* getrunken hat, einen Anis-Kaffee, der in einer Thermoskanne warmgehalten wurde? Oder wie er/sie um die knusprige Spitze der *imqarrun*, gebackenen Makkaroni, kämpfte, die bei großen Familientreffen auf den Tisch kamen?

Obwohl die traditionelle Lebensmittelzubereitung in den letzten Jahren nachgelassen hat, was dem hektischen Lebensstil und der Verbreitung von Supermarktgerichten geschuldet ist, wächst doch mittlerweile ein neues Interesse an unserer Küche und daran, woher die Zutaten stammen. Dies ist ein international zu beobachtender Trend. Wir nehmen uns wieder die Zeit, uns mit unseren Traditionen zu verbinden und uns mit unseren kulinarischen Überlieferungen zu beschäftigen, und, was am spannendsten ist, wir haben Freude daran, uralten Rezepten neues Leben einzuhauchen.

In diesem Buch schenkt Simon vielen bewährten Rezepten einen Frischekick; er hat die Essenz unserer maltesischen Küche eingefangen, um sie jenseits unserer Küsten bekannt zu machen. Dort könnten sie das Interesse eines neugierigen Kochs wecken, der dann entdeckt, dass die maltesische Küche die »Kapriole« der mediterranen Ernährungsweise ist.

Vielleicht werden Sie angeregt, eine Reise auf unsere Inseln zu machen, wo Sie nicht nur die Speisen von unseren Feldern und aus unseren Küchen, sondern auch die vielfältige Geschichte und die herzliche Gastfreundschaft der Malteser*innen kennenlernen können.

Pippa Mattei, maltesische Köchin und Autorin

Für mich als stolze Tochter maltesischer Einwanderer sind die Rezepte in diesem Buch etwas ganz Besonderes und Sentimentales. Ich werde oft gefragt: »Was ist eigentlich maltesisches Essen?« Die maltesische Küche ist für viele ein Rätsel, aber sie ist der rote Faden, der uns mit unserer Kultur verbindet. Sie hat auch meine lebenslange Liebe zu Zutaten wie Saubohnen, Kapern, Ricotta und Kaninchen genährt. Simons Arbeit ist ein großzügiges Geschenk an uns alle — ein wunderbares Werk, das auf liebevolle Weise veranschaulicht, was maltesisches Essen wirklich ist.

Meine schönsten Kindheitserinnerungen drehen sich um die Küche. Sie war ein Ort des Lernens und des Wachstums, fast wie in einem Klassenzimmer. Rezepte wie Simons *gozitan ravioli* — prall gefüllt mit *irkotta* und bedeckt mit *zalza* — hätte mein Vater samstags zum Mittagessen zubereitet. Wir gingen an unseren Strand und sammelten Meerwasser, um den Käse herzustellen. Ich sehe noch heute die bunten Plastikkörbe auf dem Waschbecken mit dem dampfenden Käsebruch.

Die Lektüre dieses Buches hat mich wieder auf die Stufen unserer Veranda, auf der ich mit meiner Oma Säcke voller Saubohnen aus den Schoten drückte, um sie für *bigilla* zu trocknen, zurückversetzt. Dort brachte mir meine Tante bei, wie man *timpana* macht, und mein Cousin zeigte mir, wie man ein Kaninchen für *stuffat tal-fenek* zerlegt und Kürbisse für *qarabaghli mimli fil-forn* füllt. Wenn es ein Essen gibt, das meine Jugend geprägt hat, dann ist es *ħobż biż-żejt*, das ich im Lunchpaket mitbekam oder als Snack nach der Schule aß. Diese Lebensmittel fühlten sich stets an wie ein Tor zur maltesischen Kultur und zur Familie, und über sie zu lesen, hat mein Leben bereichert und mich bewegt.

Das Kochen maltesischer Gerichte mit meinen eigenen Kindern ist der beste Weg, meine geschätzte Kultur in unser Haus zu bringen. Wir bereiten *figolli* oder *kwarezimal* jedes Jahr zu Ostern mit meiner Mutter zu, feiern den maltesischen Unabhängigkeitstag mit einem ausgiebigen Mittagessen und verbringen Samstage damit, *ravjul* zu machen. Ich erinnere mich an den Moment, als ich als Teenager zum ersten Mal in Malta ankam — ich fühlte mich wie nach Hause gekommen. Die Lektüre von Simons Buch und seine atemberaubenden Fotos haben mich wieder nach Hause gebracht. Dieses Buch ist eine unverzichtbare Bibel in meiner Küche und eine wunderbare Darstellung Maltas und seiner reichen und vielfältigen Küche. Prosit!

Julia Busuttil Nishimura, australische Köchin und Autorin

INHALT

Einführung — 11
Anmerkung des Autors — 15
Eine Reise durch Maltas Geschichte — 17
Die maltesische Küche — 21
Die mediterrane Speisekammer — 25

Beliebte Snacks — 31
Brote — 65
Pasta — 81
Fisch & Meeresfrüchte — 109
Fleisch — 141
Gemüse — 163
Süßes & Getränke — 191

Danksagung — 233
Register — 234

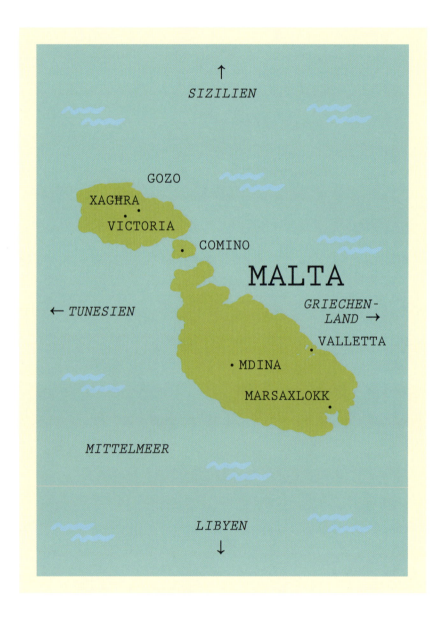

EINFÜHRUNG

Die maltesische Küche vereint in perfekter Harmonie naturbelassene Produkte vom Land und aus dem Meer und ausgefeilte, aber einfache Techniken, die durch die geografischen Gegebenheiten der Inseln zusätzlichen Schwung bekommen.

Malta erstreckt sich südlich von Sizilien und östlich von Tunesien — Kalksteinfelsen, die aus dem Mittelmeer auf der afrikanischen tektonischen Platte herausragen. Es ist das zehntkleinste Land der Welt, mit einer Hauptinsel, die nur 27 Kilometer lang ist. Man kann in weniger als einer Stunde von oben nach unten fahren.

Im Norden liegt die kleinere Insel Gozo mit ihrer Hauptstadt Victoria. Gozo ist weniger dicht besiedelt, eher landwirtschaftlich geprägt; die Einwohner*innen sind als Gozitaner*innen bekannt. Das Klima ist mediterran mit heißen Sommern, milden Wintern und etwas Niederschlag im Herbst und Winter. Der Archipel ist eine atemberaubende Ansammlung geschützter Buchten mit transparentem blauem Wasser — wo man auch hinschaut.

Im Laufe der Jahrhunderte haben viele Kulturen Spuren in der maltesischen Küche hinterlassen. Die Familien, die auf diesem mediterranen Felsvorsprung leben, haben mitbestimmt, was geht und was bleibt. Die Einflüsse haben sich zu einem einzigartigen Geschmacksprofil verdichtet, das sich über viele Besatzungen hinweg gebildet hat. Ich würde behaupten, dass es hier die faszinierendste »minestrone« der mediterranen Küche gibt.

Die maltesische Küche vereint in perfekter Harmonie naturbelassene Produkte vom Land und aus dem Meer und ausgefeilte, aber einfache Techniken, die durch die geografischen Gegebenheiten zusätzlichen Schwung bekommen. Maltas nächster Nachbar, die Insel Sizilien, hat die Küche am stärksten geprägt, denn Malta ist seit über 400 Jahren quasi eine Verlängerung der italienischen Insel. Aber auch Nordafrika, Griechenland und das gesamte Italien haben ihren Teil zu unserer Kultur beigetragen.

Nach dem Königreich Sizilien kamen die Malteserritter. Dieser katholische und militärische Orden brauchte einen neuen Stützpunkt und übernahm so im 16. Jahrhundert die Kontrolle über das Land. Diese Ritter hatten sich seit Langem der Pflege von kranken und armen Pilger*innen verschrieben. Sie waren selbst eine Mischung aus verschiedenen Kulturen und brachten nicht nur einen grandiosen Geschmack mit, sondern fügten der maltesischen Küche auch eine Menge feiner Speisen hinzu.

Am Ende des 18. Jahrhunderts besetzte zwar kurzzeitig Frankreich die Insel, aber die Engländer*innen verbrachten über 150 Jahre auf Malta und hinterließen deutliche Spuren. Zutaten wie Cheddar und Corned Beef schlichen sich in die traditionellen Rezepte ein, was manchmal mit ihren mediterranen Wurzeln kollidierte. Aber jeder Einfluss hatte auch seine positiven Seiten, und die maltesische Küche gewann so deutlich an Vielfältigkeit.

Es ist keine einfache Aufgabe, die genaue Herkunft der maltesischen Lebensmittel zu bestimmen. (Obwohl die Zeitleiste auf den Seiten 18 und 19 Ihnen einen gewissen historischen Einblick geben wird). Die Ursprünge des gepfefferten Käselaibs (*ġbejniet tal-bżar*) auf Seite 47 ist ein gutes Beispiel für viele weitere Rätsel, denn es ähnelt Käsesorten, die man auf einem Markt in der französischen Provinz erhält, erinnert aber auch an den *shanklish* aus einem Geschäft in Aleppo, Syrien. Die Polaritäten beschränken sich nicht auf die Ernährung; die semitische Sprache Maltas leitet sich ab vom Sikulo-Arabisch (oder Sizilianischen Arabisch, eine Sprache, die heute ausgestorben ist), und katholische Gläubige beten zu *allah*, dem maltesischen Namen für Gott.

Malta ist die Heimat für einige der ältesten erhaltenen Bauwerke der Welt — antike Kalksteintempel, die über Malta und Gozo verstreut sind und noch vor den Pyramiden von Gizeh errichtet wurden. Auf Xagħra in der Mitte Gozos befinden sich die megalithischen Ġgantija-Tempel, die auf 3600 v. Chr. zurückgehen. Der gozitanischen Legende nach wurden sie von einer Riesin erbaut, die nur Saubohnen und Honig aß.

Die Menschen auf Malta haben viel Erfahrung damit, einen Blick über den Tellerrand zu werfen. Die Geografie des umliegenden Meeres und die Lage zwischen Afrika, Europa und dem Osten haben Malta für immer zu einer Hafennation gemacht. Seit Jahrhunderten sind exotische Produkte im Umlauf und in den Rezepten finden wir alles — von der Vanilleschote bis zu afrikanischen Gazellen. Die Malteser*innen haben sich schon immer getraut, neue Lebensmittel auszuprobieren, sie gehörten zu den ersten Europäer*innen, die Schokolade aßen und Kaffee tranken. Es heißt, dass Malta zusammen mit Spanien und Süditalien zu den ersten Tomatenessern gehöre, obwohl sie früher als giftig galten. Die Tomate hat in der heutigen Küche einen hohen Stellenwert, und die Malteser*innen lieben unverhohlen die *kunserva*, das eigene, reichhaltige Tomatenmark der Inseln.

Lokale Ortsnamen deuten auf Inhaltsstoffe hin, wie zum Beispiel die Insel Comino zwischen dem Festland und Gozo, benannt nach dem dort wachsenden wilden Kümmel, und Filfla, ein kleiner Felsvorsprung im Süden, dessen Name sich von *felfel*, arabisch für Chili, ableitet. Die Griechen und Römer nannten Malta einst *melite*, vermutlich das griechische Wort für Honig. Der Honig von Malta war damals wie heute berühmt, vor allem der, der im Sommer aus wildem Thymian hergestellt wird.

Im Frühling sammeln die Dorfbewohner*innen auf den hohen Klippen von Gozo wilde Kapernknospen, bevor sie weiß und violett blühen, um sie anschließend zu konservieren. Wildkräuter, die auf dem Kalkstein wachsen, besitzen ein tiefes Aroma, da der karge Boden ihr Wachstum hemmt und die heiße Sonne die Wirkung verstärkt.

Auf den Märkten finden Sie die die wichtigsten mediterranen Gemüsesorten, darunter lokal angebaute Tomaten, Saubohnen, Kartoffeln, Kohl, Artischocken, Kohlrabi und die beliebten runden Zucchini-Kürbisse. Es gibt weitere interessante Produkte, die aber nur ein paar Wochen im Jahr auftauchen, wie zum Beispiel erntefrische Kichererbsen, die Kinder gerne naschen, oder Mispeln zur Herstellung von Konfitüre oder Obstwein.

Aufgrund der bäuerlichen Wurzeln der maltesischen Küche spielt Gemüse mehr als jede andere Lebensmittelgruppe die Hauptrolle, und man genießt es nicht nur als Beilage, sondern oft auch als eigenständiges Gericht. Ja, wir hören mehr über geschmortes Kaninchen, *timpana* (eine Art Nudelkuchen nach Bologneser Art, Seite 161) und *bragioli* (Rindfleisch mit Oliven, Seite 156) — die maltesischen Gerichte, die oft an Wochenenden oder zu besonderen Anlässen gekocht werden. Aber neben diesen Klassikern möchte ich mit Ihnen in diesem Buch auch die alltäglichen Gerichte teilen. Sie finden die traditionellen Rezepte, die allseits geliebt werden und die Jahrhunderte überdauert haben, aber auch neue Interpretationen mit den Inselzutaten.

Die Malteser*innen sind von Natur aus anpassungsfähig, was darauf zurückzuführen ist, dass sie über Jahrtausende hinweg Besucher*innen empfingen. Doch mit dem Tourismus-Boom Ende des letzten Jahrhunderts öffneten viele Restaurants, die Tourist*innen Fish and Chips und Hamburger servierten. Zum Glück ändert sich das jetzt. Die Vielfalt der maltesischen Küche wächst, die Köch*innen bereiten sowohl Klassiker als auch ihre eigenen Kreationen zu und bestehen darauf, dass Besucher*innen dies wertschätzen. Mit der relativ jungen Unabhängigkeit Maltas und dem neu entdeckten Interesse an den eigenen Gerichten bleibt es spannend, was da alles noch kommen wird.

ANMERKUNG DES AUTORS

Abgesehen von meiner direkten Familie war ich oft der einzige Bajada dort, wo ich lebte. In Malta jedoch ist mein Familienname weitverbreitet. Die Einheimischen wissen sofort, dass ich aus Malta stamme. Wenn ich durch die Straßen der kleinen Städte fahre, fühle ich mich »zu Hause«. Das trockene, staubige Klima ist mir genauso vertraut wie die katholische Symbolik, die überall zu finden ist, genau wie in Adelaide, wo ich aufgewachsen bin. Wiedererkennbare Nachnamen sind auf den Schildern zu lesen — die gleichen Namen vieler Kinder, mit denen ich in Australien zur Schule ging, die ich aber nie als Malteser*innen kannte.

Auf dem Archipel leben nur 500.000 Menschen, doch die maltesische Diaspora ist überall auf der Welt vertreten. In Australien leben über 200.000 Menschen mit maltesischen Wurzeln, kleinere Populationen finden sich in den Vereinigten Staaten, Kanada und England. Es ist fast selbstverständlich, dass jede*r, den man in Malta trifft, eine*n Verwandten im Ausland hat, und wenn man das Thema anspricht, führt das immer zu einem freundlichen Gespräch.

Als ich einer Frau, die ihren Gemüsestand auf dem Qormi-Markt betreibt, meinen Nachnamen sagte, bemerkte sie: »Aber Sie haben maltesisches Blut!« Als ich versuchte, ihr zu sagen, dass ich in Australien aufgewachsen bin, unterbrach sie mich. Sie erzählte mir von dem gozitanischen Dorf, aus dem der Familienname Bajada stammen soll — Xagħra, in der Mitte von Gozo. Vor einigen Generationen haben meine Vorfahren und viele andere Malteser*innen Gozo verlassen, um von ihren Schifffahrtskünsten in vielen anderen Teilen der Welt zu leben.

Bei der Dokumentation des aussterbenden Handwerks des selbst hergestellten *ilma żahar* (Orangenblütenwasser) in Xagħra saß ich Lawrence Bajada gegenüber, der nicht direkt mit mir verwandt ist. Er erklärte mir den Prozess des Pflückens der Blüten und die Destillation, dann verkosteten wir das Ergebnis. Seine Art und seine Gesichtszüge waren jenen meines verstorbenen Großvaters so ähnlich, dass ich nostalgisch wurde. Ich dachte mir: Die Frau vom Markt hat recht!

Ich bin glücklich über die Möglichkeit, durch dieses Buch in die Kultur Maltas einzutauchen und mich mit meinem Erbe zu verbinden. Die vorliegende Rezeptsammlung ist nicht das A und O der maltesischen Küche (es gibt noch viele andere Gerichte). Durch das Teilen meiner Lieblingsgerichte, die meiner Meinung nach typisch maltesisch sind und einen Platz in den Herzen der Inselbewohner*innen haben, möchte ich die im Ausland lebende maltesische Diaspora dazu inspirieren, wieder mehr maltesische Gerichte in ihre Küche zu bringen. Vielleicht sind Sie das, viel Spaß beim Kochen!

EINE REISE DURCH MALTAS GESCHICHTE

Die folgende Zeitleiste dokumentiert einen Teil der sozialen und politischen Geschichte Maltas und zeigt, wie diese Einfluss auf die Küche hatte. Mit bäuerlichen und landwirtschaftlichen Anfängen basierte sie zunächst auf Weizen und Gemüse, dann fügte jede Phase der Geschichte etwas Weiteres hinzu. Zum Beispiel brachten die Phönizier Kenntnisse der Fischerei, die Araber führten Zitrusfrüchte ein, die Malteser brachten die Wertschätzung für feine Speisen wie Safran und Eiscreme auf die Inseln, und in den Jahren der englischen Herrschaft entwickelten sich einige der maltesischen Gebäckrezepte.

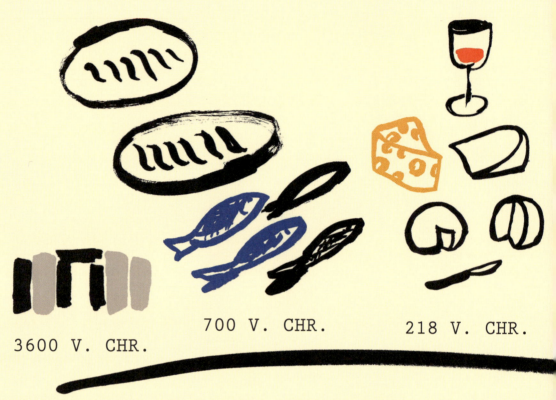

5900 V. CHR.

3600 V. CHR.

700 V. CHR.

218 V. CHR.

5900 v. Chr. Die Inseln von Malta werden erstmals bewohnt, die Menschen stammen aus dem Mittelmeerraum, Europa und Afrika.

3600 v. Chr. Der erste der Ggantija-Tempel wird auf Gozo gebaut. Die neolithische Zivilisation Maltas verschwindet um 2500 v. Chr., doch in der Bronzezeit lassen sich wieder Menschen auf den Inseln nieder.

700 v. Chr. Malta wird von den Phöniziern, die aus dem heutigen Libanon stammen, kolonisiert. Sie sind meisterhafte Seefahrer und Fischer und führen Kaninchen, Oliven, Brot und Wein ein.

218 v. Chr. Beginn der römischen Herrschaft, die 600 Jahre später in das Byzantinische (oder Oströmische) Reich über geht. Käse, Honig und Wein sind einige der bekanntesten Lebensmittel aus dieser Zeit.

870 Die Aghlabiden, eine arabische Dynastie, vertreiben die Byzantiner und bringen Gewürze, Zitrusfrüchte und Feigen sowie terrassierte Felder und das Wasserrad mit.

1091 Sizilien übernimmt die Kontrolle. Es gibt viele Machtwechsel innerhalb des Königreichs Sizilien in den nächsten 400 Jahren — von Normannen, Deutschen, Franzosen und Spaniern, was ein Wendepunkt in der modernen maltesischen Geschichte darstellt.

1530 Die Malteser, auch bekannt als der Orden des Heiligen Johannes, erhalten das Recht, über Malta zu herrschen. Sie stärken das Christentum im Land und bringen regionale Gerichte und Techniken der Lebensmittelzubereitung aus Frankreich und Italien mit. Malta beginnt, ausländische Köstlichkeiten zu importieren, wie Eis zur Herstellung von Eiscreme, Kaffee, Schokolade und exotische Früchte.

1565 Das Osmanische Reich versucht einzumarschieren, wird aber von den Rittern abgewehrt.

1798 Die Franzosen greifen unter Napoleon Bonaparte an, und die Ritter kapitulieren.

1800 Die Malteser rebellieren und verdrängen die Franzosen mithilfe der Briten. Malta wird 1813 offiziell britische Kolonie. Fleischgerichte, Pudding, Biskuitkuchen werden bald zu Grundnahrungsmitteln in vielen maltesischen Haushalten.

1919 Begrenzte Importe und die steigenden Lebenshaltungskosten (vor allem der Mehlpreis) nach dem Ersten Weltkrieg führen zu Unruhen. Vier Menschen werden von britischen Soldaten getötet, was einen Wendepunkt in der modernen maltesischen Geschichte bedeutet.

1964 erhält Malta die Unabhängigkeit von Großbritannien, bleibt aber Teil des Commonwealth.

DIE MALTESISCHE KÜCHE

Das Schöne an der maltesischen Küche ist, dass sie es nicht so genau nimmt. Wir können die dogmatischen Methoden, die wir vielleicht von anderen mediterranen Küchen gewohnt sind, einfach loslassen.

Wenn sie mit Qualitätsprodukten, Geduld und Liebe zubereitet wird, überzeugt die maltesische Küche nahezu jede*n. Sie werden die Basics schätzen lernen: Tomaten, Olivenöl, Nudeln, Fisch & Meeresfrüchte und Gemüse. Etwas, von dem unser überreizter Appetit profitieren kann. Ich wünsche mir, dass Sie zu diesen Rezepten zurückkehren, und hoffe, dass Ihr Malta-Kochbuch bald reichlich Abnutzungserscheinungen zeigt, Tomatenmark die Seiten verschmiert und Minze sich im Buchrücken sammelt!

Das Schöne an der maltesischen Küche ist, dass sie es nicht so genau nimmt. Wir können die dogmatischen Methoden, die wir vielleicht von anderen mediterranen Küchen gewohnt sind, einfach loslassen und den Gerichten unseren eigenen Geschmack einhauchen. Eine Sache, über die sich maltesische Familien einig sind, ist, dass es keine exakte Methode gibt, um *ross il-forn* oder Brotpudding zu machen, denn jeder hat nun mal seine eigene Interpretation der Grundidee.

Manchmal wiederholen sich maltesische Gerichte selbst. Die Saucen von Geschmortem wie Kaninchen oder *lampuki* werden als Vorspeise auf Nudeln serviert, und Geschmortes wird auch zu Pies verarbeitet. Vermicelli-Pie und gebackene Makkaroni erfinden die Pasta neu — Rezepte, die wahrscheinlich aus den Essensresten nach dem monströsen Ereignis — dem maltesischen Familienessen am Wochenende — entstanden sind.

Die maltesische Küche fällt nicht durch ausgefallene Kochkünste auf. Eine erwähnenswerte Technik jedoch ist das lange, langsame Garen, denn früher wurden die Speisen neben oder über einem Feuer in Steinguttöpfen zubereitet. Später wurde der *kenur* schließlich durch Kerosin-Tischkocher, die *kuciniera*, ersetzt. Die Hausköchin bereitete das Mittagessen zu, indem sie frühmorgens einen Topf füllte und das Ganze köcheln ließ, während auf dem Feld gearbeitet wurde. Diese Praxis ist heute fast ausgestorben, ebenso wie das neuartige Konzept, dass Familien am Wochenende Gefäße mit Lebensmitteln zum Bäcker an der Ecke bringen, um sie im Steinofen zu garen. Für diese Art des Kochens empfehle ich einen gusseisernen Topf auf Ihrem Herd. Wenn Sie gerne Käse *ġbejniet* zubereiten, dann lohnt es sich, ein Set kleiner Käsekörbe namens *qwieleb* online zu kaufen.

Die maltesische Küche rückt Qualitätsprodukte in den Fokus — einfache Kost mit guten Zutaten und sorgfältig zubereitet — machen aus vermeintlich Alltäglichem etwas Einzigartiges. Aus diesem Grund empfehle ich Ihnen, nur die besten Produkte zu verwenden, die Sie finden können (wenn möglich aus biologischem Anbau), und vergessen Sie nicht, zu probieren und immer wieder die Würze zu überprüfen. (Zucchini ohne Salz sind keine Zucchini!)

In Olivenöl gebratene Zwiebeln, Knoblauch und Tomaten bilden die Grundlage vieler Gerichte. Ich rieche das schon, während ich das schreibe, und weiß, wie wichtig gute Tomaten sind. Im Sommer rate ich, frische, reife Tomaten zu verwenden, das macht das Essen leichter und süßer. Die Technik, mit der ich sie zubereite, besteht darin, die Unterseite mit zwei Schnitten so einzuschneiden, dass ein »X« entsteht. Dieses Ende der Tomate wird dann mit der rauen Seite einer Reibe gerieben, und das Ergebnis ist ein frisches Püree, bei dem nur die Haut der Tomate zurückbleibt. Die Haut dient dabei als Handschutz vor den scharfen Kanten der Reibe. Mit ein wenig Übung ist die Technik schnell gelernt. Allerdings läuft viel Saft aus den Tomaten, stellen Sie daher ein hochrandiges Blech oder eine breite Schüssel darunter. Im Winter, wenn die Tomaten nicht Saison haben, greifen Sie auf hochwertige aus der Dose zurück. Für alle Rezepte in diesem Buch, die Ricotta enthalten, nehmen Sie weichen Ricotta (wie eine Paste) und keinen abgetropften Ricotta. Wenn Sie keinen weichen finden, pürieren Sie den abgetropften mit einigen Teelöffeln Milch.

Die in diesem Buch angegebenen Backofentemperaturen gelten für Umluft. Erhöhen Sie die Temperatur um etwa 15 °C, wenn Sie Ober-/Unterhitze verwenden.

DIE MEDITERRANE SPEISEKAMMER

Die maltesische Küche ist klassisch mediterran und enthält Aromen, die Sie vielleicht schon kennen – Sie werden aber auch einige Überraschungen entdecken. Hier sind die wichtigsten Zutaten, die für die maltesische Küche grundlegend sind.

SAUBOHNEN
Die im Frühjahr erntefrischen Bohnen bahnen sich ihren Weg in einige klassische maltesische Rezepte. Getrocknete Saubohnen *(fava)*, *favetta* genannt, werden auch in Suppen verwendet.

KAPERN
Man findet sie wild wachsend überall auf den Inseln. Die Knospen werden vor der Blüte von den Sträuchern gepflückt und in Salz und Essig eingelegt.

JOHANNISBROT
Der Baum kommt mit dem trockenen Klima Maltas gut zurecht. Die süßen Bohnen im Inneren werden zu einem Sirup verarbeitet, der für Desserts verwendet und wegen seiner gesundheitsfördernlichen Eigenschaften getrunken wird.

ZITRUS: FRÜCHTE, SCHALEN UND BLÜTENWASSER
Zitrusbäume sind in Malta zu Hause, und die Blutorangen der Inseln wurden im 18. Jahrhundert in Europa sehr geschätzt. Die Schale wird sehr häufig eingesetzt.

KNUSPRIGES WEISSBROT
Der als ħobż bekannte Laib und sein flacheres, ringförmiges Geschwisterchen, *ftira* genannt, sind fester Bestandteil der maltesischen Küche. Selten werden andere Brote gegessen.

KRÄUTER, VOR ALLEM MINZE UND PETERSILIE
Andere beliebte Kräuter sind Majoran, Oregano, Thymian und Basilikum.

HONIG
Der maltesische Honig nimmt im Laufe der Jahreszeiten verschiedene Geschmacksrichtungen an. Der Frühling bringt einen blumigen Honig, gefolgt von einem mit wildem Thymian in den Sommermonaten, und im Herbst folgt ein tieferer Geschmack, bestimmt durch Johannisbrot und Eukalyptus. Er ist eine geschätzte Zutat, sowohl für Süßes als auch für Heilzwecke.

GEWÜRZMISCHUNG
Findet sich in vielen maltesischen Süßigkeiten; ich nenne es Weihnachtsgewürz, weil die Kombination aus gemahlenem Zimt, Koriander, Muskatnuss, Ingwer, Nelken und Piment so deutlich an dieses Fest erinnert.

OLIVEN
Seit Jahrtausenden gedeihen sie auf maltesischem Boden und im Inselklima. Die Städte von Żebbuġ (auch der Name eines Dorfes auf Gozo) und Żejtun bedeuten auf Maltesisch und Arabisch »Olive«.

PASTA
Kleine Perlenformen, *kusksu* genannt, sind weitverbreitet, auch Penne, Makkaroni und Spaghetti.

KAKTUSFEIGE
Die eingeführte Frucht wächst auf Malta in Hülle und Fülle. Die Pflanzen findet man am Rande von Bauernhöfen, sie dienen als Windschutz und werden wegen ihrer Früchte geschätzt. Maltas beliebtester zollfreier Einkauf ist ein Likör aus der Kaktusfeige namens *bajtra*.

KANINCHEN
Einst wild (wenn auch eingeführt), wird es heute aufgrund seiner Beliebtheit gezüchtet. Es gibt sogar eine Gewürzmischung in Malta namens »Kaninchengewürz«.

RICOTTA (IRKOTTA)
Der mild-cremige maltesische Ricotta unterscheidet sich von dem italienischen dadurch, dass er nicht aus Molke hergestellt wird. Er wird in traditionellen Gerichten wie *qassatat*, *pastizzi* (siehe Seiten 36 und 40), Ravioli und einigen Desserts verwendet.

MEERESFRÜCHTE
Die Gewässer Maltas sind reich an Fisch, darunter Tintenfische, Kalmare, Muscheln und den geschätzten *lampuki (mahi mahi)*, der im Herbst nach Norden wandert.

KÄSE AUS SCHAFSMILCH
Kleine Käselaibchen, die *ġbejniet*, gibt es frisch, halbtrocken und gerollt in Pfeffer. Sie gehören zu einer *platt Malti* und vervollständigen viele Gerichte.

MÜRBETEIG
Er wird in pikanten und süßen Rezepten verwendet und zum Umhüllen von Ricotta über Fisch bis hin zu Nudeln.

TOMATEN
Auf jede Art und Weise! Verwendet als Grundlage für Eintöpfe und besonders beliebt als Tomatenmark (konzentriertes Püree), das als *kunserva* bekannt ist.

DIE MEDITERRANE SPEISEKAMMER

BELIEBTE SNACKS

Maltas heiße Sommertage und endlose
Stunden am Strand haben besondere Rezepte
geschaffen, die man im Freien genießen kann.

Eine traditionelle Platte mit Käse, Fleisch und Dips wird als *platt Malti* bezeichnet. Genauer betrachtet, handelt es sich dabei um konservierte Lebensmittel: Wurst, getrocknetes oder eingelegtes Gemüse, Oliven, Weich- und Hartkäse. Sie wird fast immer mit *ħobż* (knusprigem Weißbrot) oder *galletti* (Wassercracker) serviert. Beides finden Sie im Kapitel über Brote (Seite 65).

Ein Held unter den »Goodies« ist der Schafskäse (*ġbejniet*), den man frisch, gepfeffert oder halbgetrocknet genießt. Oliven sind ebenfalls ein Muss auf einer *platt Malti*. Das Klima auf Malta könnte nicht besser für ihren Anbau sein. In den letzten 20 Jahren wurde die Olivenproduktion des Landes deutlich angekurbelt. Sam Cremona hat vor allem die einzigartigen maltesischen Sorten *bidni* und *perla* in den Vordergrund gerückt. Letztere, eine weiße Olivensorte, wurde während der Herrschaft der Malteserritter populär, und bis zu Sams Bemühungen, sie wieder zum Leben zu erwecken, waren sie fast ausgerottet.

Auch süße und herzhafte Pies stehen auf dem Speiseplan der Malteser*innen. In den meisten Pizzerien findet man neben maltesischen Pies bzw. Pasteten auch Hühner- und Pilz-Pies — ein Überbleibsel der britischen Kolonialisierung.

In diesem Kapitel finden Sie auch die kultigen *pastizzi*. Alles zusammen ist ein perfektes kurzweiliges Essen, das man im Freien genießen kann, mit kalten Getränken dazu. Warum machen Sie eine *platt Malti* nicht zu einer eigenständigen Mahlzeit? *Saħħa!*

ŻEBBUĠ MIMLI
GEFÜLLTE OLIVEN

FÜR 8 PORTIONEN

ZUBEREITUNGSZEIT: 20 MINUTEN KOCHZEIT: 30 MINUTEN (FALLS PANIERT)

Ich liebe diese Oliven — eine maltesische Megamischung aus Aromen. Sie können die Füllung nach Belieben anpassen, und wenn Sie die Oliven panieren und braten, werden sie noch köstlicher.

ZUTATEN

600 g große, grüne Oliven (ohne Stein)
1 EL Olivenöl (wenn paniert wird)

FÜR DIE FÜLLUNG
180 g Thunfisch in Öl (Dose)
1 EL Kapern
1 Knoblauchzehe
3 Sardellenfilets
2 EL Semmelbrösel
3 EL gehackte glatte Petersilie
Schale von ½ Bio-Zitrone
2 EL Olivenöl

FÜR DIE PANADE (NACH BELIEBEN)
75 g Weizenmehl (Type 550)
100 g Semmelbrösel
1 Ei (Größe M)
500 ml Öl zum Frittieren (z. B. Sonnenblumenöl)

ZUBEREITUNG

Für die Füllung den Thunfisch abtropfen lassen. Die Kapern abspülen und hacken, den Knoblauch schälen und mit der geriebenen Zitronenschale und den restlichen Zutaten im Mixer zu einer glatten Paste mixen. Wenn Sie keinen Spritzbeutel haben, können Sie alternativ von einem Ziplock-Gefrierbeutel 1 cm an einer Spitze abschneiden. Die Füllung so in das Innere jeder Olive spritzen für 1 Stunde in den Kühlschrank legen. Wenn Sie die Oliven frisch genießen wollen, rühren Sie das Öl vorsichtig unter und servieren Sie sie mit Zahnstochern.

Zum Panieren eine Panierstraße vorbereiten. Dazu Mehl und Semmelbrösel jeweils in eine Schüssel geben. Das Ei in eine weitere Schüssel geben und verquirlen. Die Hälfte der Oliven im Mehl wenden, dann durch das verquirlte Ei ziehen, anschließend in den Semmelbröseln wälzen. Auf einen Teller legen und mit den restlichen Oliven wiederholen. Das Öl in einem Topf erhitzen und vorsichtig 1 Olive ins Öl gleiten lassen, um zu prüfen, ob das Öl heiß genug ist — es sollte zischen. Die Oliven in 2 Portionen goldbraun frittieren. Auf Küchenpapier abtropfen lassen und servieren.

QASSATAT

FÜR 8–10 PIES

ZUBEREITUNGSZEIT: 40 MINUTEN + 45 MINUTEN RUHEZEIT   KOCHZEIT: 40 MINUTEN

Qassatat leitet sich von der sizilianischen *cassata* ab, deren Bezeichnung vermutlich vom lateinischen *caseus* abstammt, was Käse bedeutet — und die traditionellste Füllung dieser kleinen Pies ist. Das Streetfood wird nach den *pastizzi* am liebsten gegessen, und wo immer Sie auf Malta *pastizzi* finden, sind auch *qassatat* nicht weit. Dieses Rezept enthält eine Füllung aus Spinat und Sardellen, doch um Käse-*qassatat* zu machen, bereiten Sie die Füllung von Seite 40 (die Erbsenfüllung kann auch verwendet werden) zu. Oder versuchen Sie eine Füllung aus Ricotta und Rosinen, wie es auf der Insel Gozo üblich ist.

ZUTATEN

FÜR DEN TEIG

- 500 g Mehl (Type 550), plus etwas mehr zum Arbeiten
- Salz
- 250 g kalte Butter
- 2 Eier (Größe M)
- 60 ml Eiswasser

FÜR DIE SPINAT-SARDELLEN-FÜLLUNG

- 800 g Blattspinat
- 1 mittelgroße Zwiebel
- 1 Knoblauchzehe
- 50 g grüne Oliven (ohne Stein)
- 1 EL Olivenöl
- 4 Sardellenfilets in Öl (Glas), plus 1 EL Öl
- 1 Ei (Größe M)
- 1 TL Speisestärke
- Salz, frisch gemahlener Pfeffer

ZUBEREITUNG

Mehl, 1 TL Salz und die gewürfelte Butter mit den Fingern vermengen, bis das Ganze eine krümelige Konsistenz hat und an groben Sand erinnert. 1 Ei unterarbeiten, dann nach und nach das Eiswasser hinzufügen. Den Teig zu einer Kugel formen, dann flach drücken und in Frischhaltefolie wickeln. 45 Minuten kaltstellen.

Für die Füllung den Spinat putzen, waschen und abtropfen lassen. Spinat auf ein Geschirrtuch legen und trocken tupfen. Dann die Stielenden klein, die Blätter größer hacken. Die Zwiebel und den Knoblauch schälen und fein hacken. Die Oliven ebenfalls fein hacken.

Das Öl bei mittlerer Hitze in einer Pfanne erhitzen und Zwiebeln, Knoblauch, Sardellen und Sardellenöl in etwa 8–10 Minuten weich braten. Hitze erhöhen und Spinat und Oliven hinzufügen und weiterbraten, bis der Spinat in sich zusammenfällt. Abkühlen lassen.

Den Backofen auf 180 °C (Umluft) vorheizen.

1 Ei und Speisestärke in einer großen Schüssel verrühren. Das restliche Wasser aus der Spinatmasse drücken. Anschließend Spinat mit dem Ei verrühren und mit Salz und Pfeffer würzen.

Den Teig auf einer bemehlten Arbeitsfläche ausrollen und mit einem runden Ausstecher (Ø 15 cm) Kreise ausstechen. Jeweils 1 gehäuften Esslöffel von der Füllung in die Mitte der Teigkreise setzen und die Teigränder mit etwas Wasser bestreichen. Die Ränder über die Füllung klappen, aber nicht ganz, ein Teil der Füllung sollte noch zu sehen sein. Die Ränder leicht falten und andrücken. Die restlichen Pies genauso zubereiten.

1 Ei verquirlen und die Pies damit bestreichen und im heißen Backofen (Mitte) in 25–30 Minuten goldgelb backen.

FAŻOLA BAJDA BIT-TEWM U T-TURSIN
SALAT AUS RIESENBOHNEN

FÜR 4 PORTIONEN

ZUBEREITUNGSZEIT: 10 MINUTEN + EINWEICHZEIT ÜBER NACHT + KÜHLZEIT
KOCHZEIT: 1 STUNDE 15 MINUTEN

Dieser frische, einfache Salat wird durch einen großzügigen Spritzer Essig aufgepeppt. Er ist die perfekte Beilage zu Fleisch, Fisch und Meeresfrüchten, kann aber auch zu einer vollwertigen Mahlzeit werden, wenn man Zutaten wie Thunfisch, Tomatenwürfel, Oliven und Kapern hinzugibt.

ZUTATEN

- **400 g Riesenbohnen**
- **2 Frühlingszwiebeln**
- **1 Handvoll glatte Petersilie**
- **1 Knoblauchzehe**
- **2 EL Olivenöl**
- **3 EL Rotweinessig (alternativ Sherry-Essig)**
- **Salz, frisch gemahlener Pfeffer**

ZUBEREITUNG

Die Bohnen über Nacht einweichen lassen.

Am nächsten Tag die eingeweichten Bohnen abspülen und abtropfen lassen, in einen großen Topf geben und mit frischem Wasser bedecken (mindestens das 5-fache des Bohnenvolumens). Zum Kochen bringen und bei mittlerer Hitze etwa 1 ¼ Stunde köcheln lassen, bis die Bohnen weich sind. Abgießen und mit kaltem Wasser abspülen, anschließend in eine Schüssel geben.

Frühlingszwiebeln putzen, waschen und fein hacken. Die Petersilie waschen, trocken schütteln und grob hacken. Knoblauch pressen und alles mit 1 EL Olivenöl und dem Essig zu den Bohnen geben. Vermengen und mit Salz und Pfeffer abschmecken. Sofort servieren oder 1–2 Stunden in den Kühlschrank stellen und durchziehen lassen.

Sie können den Salat kalt genießen, oder Sie warten, bis er wieder Zimmertemperatur hat. Vor dem Servieren 1 EL Olivenöl darüberträufeln.

PASTIZZI

FÜR 12—15 STÜCK

ZUBEREITUNGSZEIT: 1½ STUNDEN + KÜHLZEIT ÜBER NACHT KOCHZEIT: 35 MINUTEN

Pastizzi sind auf Malta sehr beliebt, und die Nachfrage danach ist ungebrochen groß. Die Redewendung »jinbiegħu bħall-pastizzi« (»verkaufen sich wie Pastizzi«) entspricht der deutschen Redewendung »gehen weg wie warme Semmeln«. Dieses Rezept enthält sowohl die klassische Ricotta-Füllung als auch eine Erbsenfüllung, die sich vermutlich während der englischen Herrschaft eingeschlichen hat. Am besten bereiten Sie Teig und Füllung einen Tag im Voraus zu. Pastizzi sind nicht ganz einfach zu machen, deshalb habe ich am Ende dieses Rezepts eine »Schummelmethode« angegeben. Arbeiten Sie auf einer glatten Steinfläche o. Ä. und versuchen Sie, eine Teigrolle mit so vielen gebutterten Schichten wie möglich herzustellen. Der Teig enthält eine Mischung aus Schmalz und Margarine, dadurch ist er stabiler und leichter zu verarbeiten.

ZUTATEN

FÜR DEN TEIG
- 220 g zimmerwarme Margarine
- 60 g zimmerwarmes Schmalz
- 450 g Mehl (Type 550)
- Salz
- 1 EL Olivenöl (falls zum Formen erforderlich)

FÜR DIE RICOTTA-FÜLLUNG
- 20 g Butter
- 50 g feiner Hartweizengrieß
- 1 Ei (Größe S)
- Salz, frisch gemahlener schwarzer Pfeffer
- 500 g Ricotta

FÜR DIE ERBSENFÜLLUNG
- 400 g frische Erbsen (alternativ TK-Erbsen)
- 1 mittelgroße Zwiebel
- 2 Knoblauchzehen
- 1 EL Olivenöl
- ½ TL gemahlener Piment
- 1 EL Tomatenmark
- Salz, frisch gemahlener Pfeffer

ZUBEREITUNG

Für den Teig Margarine und Schmalz verrühren und beiseitestellen. Mehl, 1½ TL Salz und 220 ml Wasser in eine Schüssel geben und vermengen, bis ein trockener Teig entsteht. Auf einer Arbeitsfläche daraus einen glatten Teig kneten. Mit einer Teigrolle längs zu einem Rechteck formen. Mehrmals mit der Teigrolle darüberrollen, bis der Teig eine Dicke von 4 cm hat. Das Rechteck zu einer Rolle zusammenlegen, dann um 90 Grad drehen, sodass es in Längsrichtung liegt. Den Vorgang des Zusammenlegens, Ausrollens, Aufrollens und Drehens 8–10 Mal wiederholen. So entsteht ein elastischer, fester Teig. Teig zu einer Kugel formen und diese mit einem Viertel der Margarine-Schmalz-Mischung bestreichen (mit den Händen). Teig in einen Gefrierbeutel legen und 1 Stunde kaltstellen.

Teig aus dem Kühlschrank nehmen — bei Berührung sollte er jetzt nicht mehr zurückfedern. Mit den Händen den Teig zu einem Rechteck pressen, diesmal quer. Eine Hand liegt in der Mitte des Teigs, während mit der anderen Hand der Teig auf einer Seite länger gedehnt und gezogen wird. Hände wechseln und den Teig zur anderen Seite verlängern. So lange ziehen, bis der Teig etwa 50 cm lang und 15 cm breit ist. Nun den Teig auf 70 cm Länge und 20 cm Breite ausrollen. Den Teig mit der Margarine-Schmalz-Mischung bestreichen, ein Viertel davon jedoch noch aufbewahren.

Mit der Handfläche ein Teigende auf der Arbeitsfläche festhalten. Das gegenüberliegende Teigende zu einer Rolle (einem »Stamm«) rollen, dabei gleichzeitig den Teig vorsichtig zurückziehen und damit dünner ziehen. Vorsichtig ziehen, damit der Teig nicht reißt, und fest rollen, um Luftblasen zu vermeiden. Am Ende kann die Rolle dünner und die Mitte dicker ausfallen. Ist dies der Fall, die Enden einschlagen oder einschieben, damit die Rolle durchgehend einen ähnlichen Durchmesser hat. Mit der restlichen Margarine-Schmalz-Mischung bestreichen, wieder in den Gefrierbeutel legen und über Nacht kaltstellen.

ZUBEREITUNG

Auch die Füllung kann 1 Tag im Voraus zubereitet werden (*pastizzi* sind leichter mit einer gekühlten Füllung zu machen). Für die Ricotta-Füllung 150 ml Wasser und Butter zum Kochen bringen, Grieß einrühren und den Herd ausstellen. In einer Rührschüssel Ei mit ½ TL Salz und ¼ TL Pfeffer verquirlen, dann den Ricotta einrühren. In die Grießmasse rühren und in den Kühlschrank stellen.

Für die Erbsenfüllung die Erbsen blanchieren. Dafür ca. 2 Minuten in Salzwasser bissfest garen, anschließend in Eiswasser abschrecken und beiseitestellen. Zwiebel und Knoblauch schälen, fein hacken und in heißem Öl anschwitzen. Piment einrühren und Tomatenmark und Erbsen hinzufügen. Ein paar Spritzer Wasser hinzufügen, damit die Erbsen besser garen, sie sollen aufplatzen, ggf. mit einer Gabel leicht andrücken. Mit Salz und Pfeffer würzen und dann pürieren. In eine Schüssel geben und kaltstellen.

Am nächsten Tag Backofen auf 220 °C (Umluft) vorheizen. Einige Backbleche mit Backpapier auslegen, die Füllungen aus dem Kühlschrank nehmen. Etwas Olivenöl in eine kleine Schüssel geben. Die Teigrolle aus dem Gefrierbeutel nehmen und vorsichtig dehnen, bis sich ihre Länge verdoppelt hat und sie etwa 5 cm breit ist. Den Teig in 5-cm-Abschnitte schneiden. Diese flach auslegen, sodass die Schichtspirale nach oben zeigt. Die Daumen ins Öl tauchen und ein Teigstück aufnehmen, in beiden Händen halten, die Daumen liegen in der Mitte. Die Teigstücke drücken und drehen, um eine kleine Tasse zu formen. Die Tasse umdrehen und etwas mehr dehnen, bis die Öffnung einen Durchmesser von etwa 10 cm hat. Etwas von der Ricotta-Füllung hineingeben. Die Oberseite der Tasse zusammendrücken, sodass eine Naht entsteht. Mit der Naht nach oben aufs Blech legen. 1 cm von der Naht entfernt rundherum mit den Fingern festdrücken.

Für die *pastizzi* mit Erbsenfüllung genauso vorgehen, aber mit der Naht zur Seite aufs Blech legen. Die *pastizzi* im heißen Backofen (Mitte) bei 220 °C in 25 Minuten goldgelb backen.

SCHUMMEL-METHODE

Dazu ist eine Nudelmaschine erforderlich. Nach der ersten Kühlung den Teig in 2 Teile schneiden. Mit einer Teigrolle ein Teigstück handbreit zu einem Rechteck ausrollen. Das Teigstück durch die Nudelmaschine walzen, und zwar mit der breitesten Einstellung. 1 Stufe tiefer stellen und noch einmal durchziehen. So fortfahren, bis das Teigstück etwa 90 cm lang ist. Dann auf die Arbeitsfläche legen und mithilfe der Teigrolle breiter rollen. Über die gesamte Länge sollte es 15—20 cm breit sein. Mit einem weiteren Viertel der Margarine-Schmalz-Mischung bestreichen. Ein Teigende auf der Arbeitsfläche festhalten und den Teig, wie beschrieben, aufrollen und dehnen. Mit dem zweiten Teigstück wiederholen. Beide mit der restlichen Margarine-Schmalz-Mischung bestreichen, in einen Gefrierbeutel legen und über Nacht kaltstellen. Am nächsten Tag die Rollen auf 5 cm Breite dehnen und, wie beschrieben, in Abschnitte schneiden und daraus pastizzi formen.

BIGILLA
TIC-BOHNEN-DIP

FÜR 4 PORTIONEN

ZUBEREITUNGSZEIT: 10 MINUTEN + EINWEICHZEIT ÜBER NACHT KOCHZEIT: 1 STUNDE 45 MINUTEN

Dieser Dip ähnelt sehr dem ägyptischen *ful*. Die Familie Sacco betreibt einen *bigilla*-Van, der an den meisten Nachmittagen durch die Städte Maltas tourt und den warmen Dip vom Rücksitz aus verkauft. Wenn der Van in der Nähe ist, kann man es hören, denn der Fahrer schreit »bigilla« in ein Megaphon. Traditionell wird der Dip warm mit gehackter Petersilie und Chiliöl serviert. (Sie können auch Olivenöl verwenden, wenn Sie die Schärfe nicht wünschen.) *Galletti* (Seite 74) oder warmes Brot dazu sind ein Muss. *Bigilla* ist auch kalt köstlich, hält sich gut und kann sogar zum Füllen von Artischocken verwendet werden. Tic-Bohnen sind auf Malta als *djerba* bekannt — sie sind kleiner und dunkler als Saubohnen und werden manchmal Feld- oder Pferdebohnen genannt. Wenn Sie keine Tic-Bohnen finden, können Sie auch ganze getrocknete Saubohnen verwenden.

ZUTATEN

250 g getrocknete Tic-Bohnen (alternativ getrocknete Saubohnen)
½ TL Chiliflocken
2 EL Olivenöl
2 EL gehackte glatte Petersilie
Salz
1 Knoblauchzehe

ZUM GARNIEREN
2 TL Chiliflocken
80 ml Olivenöl
glatte Petersilie

ZUBEREITUNG

Die Bohnen über Nacht einweichen lassen.

Am nächsten Tag die eingeweichten Bohnen abgießen, abspülen und in einen großen Topf geben. Mit frischem Wasser bedecken (mindestens 5-mal so viel wie das Volumen der Bohnen) und zum Kochen bringen. Hitze reduzieren und köcheln lassen, den aufsteigenden Schaum abschöpfen. Den Deckel auflegen und die Bohnen etwa 1 ¾ Stunden köcheln lassen, bis sie weich sind. Ggf. etwas Wasser nachgießen.

In der Zwischenzeit das Chiliöl für die Garnitur zubereiten. Dafür Chiliflocken in einer Pfanne kurz rösten. Wenn sie anfangen zu duften, das Öl dazugeben.

Vom Herd nehmen, in eine kleine Schüssel gießen und gut ziehen lassen.

Etwas Kochwasser von den Bohnen abnehmen. Bohnen dann abgießen und abtropfen lassen.

Bohnen mit Petersilie, 3 EL Kochwasser und 1 TL Salz in einen Mixer geben. Knoblauch dazu pressen und zusammen mit den restlichen Zutaten zu einer Paste mixen. Ist der Dip zu trocken, noch etwas Wasser untermixen.

Zum Servieren den Dip in eine Schüssel geben und mit Chiliöl und Petersilie garnieren.

ĠBEJNIET
KÄSELAIBCHEN AUS SCHAFSMILCH

FÜR 8 KÄSELAIBCHEN

ZUBEREITUNGSZEIT: 2½ STUNDEN + KÜHLZEIT ÜBER NACHT KOCHZEIT: 5 MINUTEN

Ġbejniet ist mit Ricotta vergleichbar, wird aber aus Schafsmilch hergestellt und hat eine viel bessere Konsistenz. Denken Sie an Karamellcreme oder Seidentofu in den frühen Stadien der Reifung. Schafe sind für die felsige Landschaft Maltas besser geeignet als Kühe. Deshalb ist es nur logisch, dass der ġbejniet schon immer aus Schafsmilch hergestellt wurde. Wahrscheinlich wurde jedes maltesische Rezept, in dem »Ricotta« erwähnt wird, mit Schafs- oder Ziegenmilch zubereitet. Die Briten brachten Rinder mit sowie Anreize, die Produktion von Schafsmilch einzustellen, sodass heute auch viele Versionen von ġbejniet aus Kuhmilch zu haben sind. Sie können ihn auch zu Hause machen! (Und natürlich funktioniert dieses Rezept auch für Kuhmilch.) Frischer ġbejniet ist ein paar Tage haltbar, wird aber am besten so schnell wie möglich verzehrt. Und je frischer die Milch ist, desto besser schmeckt der Käse. Er kann auch getrocknet und konserviert werden. Durch das Trocknen erhält er eine ähnliche Konsistenz wie z. B. Pecorino. Halbgetrockneter ġbejniet eignet sich hervorragend, um ihn wie Parmesan über Nudeln und andere Gerichte zu reiben. Er kann auch zerkleinert und in Eintöpfen oder Salaten verwendet oder der Käsefüllung für pastizzi beigefügt werden.

ZUTATEN

2 l Schafsmilch (nicht homogenisiert; je höher der Fettanteil, desto besser)
1 TL Labpulver (aus der Apotheke)
Meersalz

AUSSERDEM

6—8 ġbejniet-Käsekörbchen (qwieleb), ca. 8 cm breit und 6 cm hoch (alternativ 1 größerer Ricotta-Korb)
Küchenthermometer

ZUBEREITUNG

Die Milch langsam in einem Topf mit dickem Boden erhitzen. Sobald das Thermometer 38 °C zeigt, den Herd ausstellen. 3 EL von der warmen Milch in ein kleines Glas geben und das Labpulver einrühren. In den Topf geben und 1 Stunde ruhen lassen.

Mit einem scharfen Messer die halbfeste Milch mehrmals einschneiden. Weitere 30 Minuten ruhen lassen.

Mit einem Schaumlöffel (oder einem von den Käsekörbchen) den Bruch herausnehmen und die Körbe damit füllen. Sobald die Molke abläuft, nachfüllen, sodass die Körbe so hoch wie möglich gefüllt sind. Wenn der gesamte Bruch abgefüllt ist, großzügig mit Salz bestreuen. Die Körbe auf einen Gitterrost setzen, dieses auf ein Blech setzen und die Käsekörbe 1 Stunde trocknen lassen.

Die Käselaibe umdrehen und erneut mit Salz bestreuen. Die Käsekörbchen in den Kühlschrank stellen und weitere 8 Stunden (oder über Nacht) abtropfen lassen. Danach kann der Käse aus den Körbchen genommen werden und ist verzehrbereit. (Der Käse kann auch schon nach einigen Stunden Abtropfzeit gegessen werden — die geleeartige Konsistenz schmeckt wunderbar!)

ĠBEJNIET MOXXI

Dem Rezept auf Seite 46 folgen. Käselaibchen auf einem Rost stehen lassen — der Raum sollte kühl und gut belüftet sein, auf keinen Fall feucht. Ein Ventilator ist hilfreich, um ideale Bedingungen zu schaffen. Am nächsten Tag die Oberfläche der Laibe mit Meersalz bestreuen, wenden und mindestens 2 weitere Tage trocknen lassen. Dann sollten die Käselaibchen sichtbar geschrumpft und hellgelb sein und fest und wachsartig in der Mitte mit einer krümeligen Textur (zur Kontrolle einen Käse prüfen). Die fertigen Laibchen in einen verschließbaren Behälter legen und in den Kühlschrank stellen. Dort halten sie einige Wochen.

ĠBEJNIET TAL-BŻAR

Gepfefferte Käselaibchen: Käse 2 Tage trocknen lassen. Einen Teller mit Weißweinessig füllen, einen zweiten mit frisch gemahlenem schwarzem Pfeffer. Die Laibchen durch den Essig ziehen, dann im Pfeffer wälzen, bis sie vollständig überzogen sind. Käse weiter trocknen lassen (siehe Seite 46).

Halbgetrocknete *ġbejniet* konservieren: 1 Teil Wasser und 2 Teile Weißweinessig in einem sauberen Gefäß mischen. Halbgetrocknete Käselaibe (glatt oder gepfeffert) hineinlegen und völlig untertauchen. Im Kühlschrank mindestens 1 Woche ziehen lassen. Vier Fünftel des Essigwassers abtropfen lassen und ein Fünftel Olivenöl hinzufügen (die Käsestücke werden nicht mehr untergetaucht sein). Die Käsestücke vorsichtig im Glas hin- und herschwenken, um sie mit dem Essig-Öl-Gemisch zu überziehen. Zurück in den Kühlschrank stellen und gelegentlich das Glas auf den Kopf stellen. Die Käselaibchen sind monatelang haltbar.

SFINEĠ TAL-INĊOVA
SARDELLEN-FRITTER

FÜR 10 FRITTER

ZUBEREITUNGSZEIT: 25 MINUTEN + 1 STUNDE GEHZEIT KOCHZEIT: 10 MINUTEN

In der Osterzeit findet man in Rabat an jeder Ecke Stände, an denen sie verkauft werden. Sie ähneln den St.-Joseph-Frittern mit Ricotta (Seite 214), sind aber mit einer Sardelle im Inneren herzhaft. Sie schmecken gut zu einem kalten Bier oder trockenem Weißwein.

ZUTATEN

- 225 g Mehl (Type 550), plus etwas mehr zum Arbeiten
- 2 TL Trockenhefe
- Salz
- 1 l neutrales Pflanzenöl zum Frittieren (z. B. Sonnenblumen- oder Rapsöl), plus etwas mehr zum Bestreichen
- 10 Sardellenfilets
- Zitronenspalten zum Servieren

ZUBEREITUNG

In einer großen Schüssel Mehl, Hefe und ½ TL Salz mit einem Holzlöffel mischen und in die Mitte eine Vertiefung drücken. Nach und nach 180 ml warmes Wasser hineingießen und vorsichtig vermengen, bis das Mehl eingearbeitet ist und ein klebriger Teig entsteht. Teig auf eine bemehlte Arbeitsfläche legen und einige Minuten kneten, bis der Teig eine glatte Konsistenz hat. Zu einer Kugel formen und mit etwas Öl bestreichen. In die Schüssel legen, mit einem Küchentuch abdecken und an einem warmen Ort 1 Stunde gehen lassen bzw. so lange, bis der Teig sein Volumen verdoppelt hat.

Das Öl in einem Topf mit dickem Boden langsam erhitzen. Mit leicht bemehlten Händen den Teig in 10 Stücke teilen. 1 Teigstück zu einem Oval ziehen. In die Mitte ein Sardellenfilet legen und den Teig darum schließen. Teigstück ins heiße Öl tauchen und schnell ein paar weitere Fritter zubereiten. Fritter wenden und goldbraun frittieren (ca. 2 ½ Minuten). Auf Küchenpapier legen. Ist der Fritter gar? Am besten den ersten probieren! Die restlichen genauso zubereiten und mit Zitronenspalten servieren.

BARBULJATA
MALTESISCHE RÜHREIER

FÜR 4 PORTIONEN

ZUBEREITUNGSZEIT: 10 MINUTEN KOCHZEIT: 10 MINUTEN

Ich erinnere mich noch gut daran, wie mein Onkel dieses Gericht zum Frühstück machte. Er betonte stets, dass die Minze den feinen Unterschied ausmacht. Das Rezept wurde von seiner Tante weitergegeben und hat für immer einen Platz auf meinem Frühstückstisch. Die süßen Zwiebeln in Kombination mit der Säure der Tomaten und der erfrischenden Minze heben dieses Alltagsgericht auf ein prachtvolles Niveau.
Ich liebe einen Hauch von Kreuzkümmel darin, aber das ist optional. Natürlich darf frisch gebackenes Brot dazu nicht fehlen.

ZUTATEN

2 große reife Tomaten
1 rote Zwiebel
1 EL Olivenöl
¼ TL gemahlener Kreuzkümmel (nach Belieben)
6 Eier (Größe M)
Salz
1 EL gehackte Minze
frisch gemahlener schwarzer Pfeffer

ZUBEREITUNG

Wasser in einem kleinen Topf aufkochen. Tomaten unten einritzen und 1½—2 Minuten ins kochende Wasser legen. Herausnehmen und in eine Schüssel mit Eiswasser legen. Die abgekühlten Tomaten häuten, Samen entfernen und das Tomatenfleisch in 1 cm große Stücke schneiden. Die Zwiebel schälen und fein hacken. Anschließend bei mittlerer Hitze im Öl Zwiebeln und nach Belieben Kreuzkümmel anschwitzen, bis die Zwiebeln weich sind.

In der Zwischenzeit die Eier in einer Schüssel aufschlagen und mit ½ TL Salz verquirlen. Die Hitze erhöhen, Tomaten zur Zwiebel geben und einige Minuten mitbraten. Dann Eiermasse, Minze und etwas Pfeffer in die Pfanne geben und zu einem Rührei braten. Ggf. nachwürzen.

Postkarte #01

Zieh die Handbremse an; atme nach der steilsten, schmalsten Straße aus.
Die Hitze überwältigt dich beim Abstieg über den felsigen Pfad, aber nicht lange.
Schlag dein Lager auf, Handtücher, *ftira* und kalte Getränke.
Das flackernde Wasser, das Plätschern.
Es ist einfach da, kein Grund zur Eile.
Wate bis zum Hals, miss die Temperatur, sie ist perfekt.
Rausschwimmen, tief einatmen, die Knie anziehen, abtauchen.
Körperrolle, Blick nach oben, ausatmen, du bist da.
Ein Schwimmen ins tiefe Blau.

ARJOLI
THUNFISCH-TOMATEN-DIP

FÜR 6 PORTIONEN

ZUBEREITUNGSZEIT: 10 MINUTEN

Dieser Dip gehört zu jenen Rezepten, die auf vielfältige Weise verändert und eingesetzt werden können. *Arjoli* ist ein Schmelztiegel der klassischen maltesischen Aromen, aber Sie können verwenden, was Sie gerade im Kühlschrank oder in der Speisekammer haben, und Zutaten weglassen oder hinzufügen wie z.B. Kapern, eingelegte Artischocken, Minze, Bohnen, sonnengetrocknete Tomaten und Frühlingszwiebeln. Der Dip ist perfekt auf knusprigem *ħobż* oder mit *galletti* (Seite 74). Sie können ihn sogar kaltstellen und für den Strand einpacken.

ZUTATEN

100 g *galletti* (Seite 74; alternativ andere Wassercracker)
180 g Thunfisch in Öl (Dose)
3 Sardellenfilets
1 kleine Zwiebel
1 Knoblauchzehe
200 g Tomatenmark
3 EL gehackte glatte Petersilie
50 g Kalamata-Oliven (ohne Stein)
180 ml Olivenöl
2 TL Rotweinessig, plus etwas mehr zum Abschmecken
Chiliflocken

ZUBEREITUNG

Die Cracker im Mixer zerkleinern. Den Thunfisch abtropfen lassen, die Sardellenfilets hacken. Zwiebel und Knoblauch schälen und fein hacken.
Zusammen mit allen weiteren Zutaten sowie 1 Prise Chiliflocken in den Mixer geben und zu einer Paste pürieren. Wenn die Masse zu trocken ist, einen Spritzer Wasser hinzugeben. Den Dip probieren und bei Bedarf mehr Essig hinzufügen. Mit knusprigen Brotscheiben oder *galletti* servieren.

GEBACKENE AUBERGINE UND ZWIEBELN MIT BASILIKUM

FÜR 4 PORTIONEN

ZUBEREITUNGSZEIT: 10 MINUTEN KOCHZEIT: 50 MINUTEN

Bei einer Auswahl an maltesischen Snacks empfahl mir der gozitanische Gastronom Phillip Spiteri dieses Gericht. Es ist ein so einfaches Rezept — eigentlich zwei einzelne Aufstriche, die zusammen serviert werden. Auberginen und Zwiebeln passen perfekt zu gebratenem Fleisch und Fisch oder als Beilage zu einer *platt Malti*. Ich bin sicher — wenn Sie es einmal gemacht haben, werden Sie es immer wieder zubereiten. So war es bei mir. Das Rezept unterstreicht das Mantra der maltesischen Küche: hochwertige Zutaten und einfache Technik, die für Großartigkeit stehen.

ZUTATEN

2 Zwiebeln
1 große Aubergine
3 EL Olivenöl
2 Handvoll Basilikumblätter
Salz

ZUBEREITUNG

Den Backofen auf 220 °C (Umluft) vorheizen.

Ein kurzes Messer mit scharfer Spitze zur Hand nehmen und damit in die Schale der Zwiebeln stechen, insgesamt rundherum 6 kleine Einschnitte. Auf ein Backblech legen und 20 Minuten im heißen Backofen (Mitte) rösten. Nun die Aubergine waschen, ebenfalls 6-mal einschneiden und zu den Zwiebeln legen. Für weitere 30 Minuten backen.

Aubergine und Zwiebeln abkühlen lassen, dann der Länge nach durch die Schalen schneiden. Das Zwiebelfleisch in eine Schüssel drücken, das Fruchtfleisch der Aubergine in eine zweite.

Öl und Basilikum zu gleichen Teilen in beide Schüsseln geben. Jeweils salzen, mit einer Gabel vermengen und auf Tellern anrichten. Am besten bei Zimmertemperatur servieren, nach Belieben kann beides auch aufgewärmt werden.

BROTE

Der Clou des maltesischen Brotes ist seine Kruste. Nirgendwo sonst auf der Welt habe ich ein dunkel gebackenes Brot mit einer solchen Kruste gegessen, die trotzdem so leicht ist.

In Malta vergeht kein Tag, an dem nicht *ftira* mit *kunserva* (maltesisches Tomatenmark) bestrichen oder in Scheiben geschnittenes *ħobż* zu einer Mahlzeit serviert wird. Brot spielt eine große Rolle in der Küche des Archipels. Das Wort für Brot findet sich in vielen maltesischen Redensarten. Eine davon ist »*Xhobx jiekol dak*«, was so viel bedeutet wie »Welches Brot isst er?«. Damit erkundigt man sich nach dem guten oder schlechten Charakter eines Menschen.

1919 befand sich Malta nach dem Krieg in einem verzweifelten und armseligen Zustand. Eine Reihe von Mehlpreiserhöhungen und die wachsende Unzufriedenheit mit der Kolonialherrschaft lösten die sogenannten Brotaufstände aus. Bei diesem Tumult kamen vier Männer durch die Hand englischer Soldaten ums Leben. Man ehrt sie alljährlich am *Sette Giugno* (7. Juni) und gedenkt dieses Moments, an dem die Malteser für ihre Überzeugungen auf die Straße gingen.

In jeder Stadt Maltas gibt es eine Bäckerei, oft mit einem holzbefeuerten Steinofen ausgestattet, der bis in die frühen Morgenstunden knuspriges Brot backt. Wenn man seiner Nase folgt, findet man den Bäcker ganz leicht. Als Kund*in betritt man die Bäckerei nicht, um sich dort umzusehen, sondern man trifft seine Auswahl, indem man von der Straße aus in die Tür hineinspäht. Mit den Düften, die einen wirklich umhauen, fällt es schwer, nicht alles zu kaufen, was angeboten wird.

Das maltesische Brot ist keine Alchemie aus verschiedenen Körnern und unterschiedlicher Gärung. Man könnte sagen, *ħobż* ist ein einfaches Weißbrot, während *ftira* aus demselben Teig hergestellt wird, aber in der Mitte ein Loch hat. Das i-Tüpfelchen ist die Kruste. Nirgendwo sonst auf der Welt habe ich ein dunkel gebackenes Brot mit einer solchen Kruste gegessen, die trotzdem so leicht ist. Einfach köstlich.

Als Weißbrot haben *ħobż* und *ftira* nicht die gleiche Langlebigkeit wie einige andere Brote auf der Welt. Aber sie eignen sich hervorragend, um daraus Semmelbrösel zu machen. Brotreste und Semmelbrösel werden in vielen maltesischen Gerichten verwendet, einschließlich für Füllungen und Desserts.

ĦOBŻ U FTIRA
MALTESISCHES BROT

FÜR 1 BROT

ZUBEREITUNGSZEIT: 30 MINUTEN + 10–12 STUNDEN GEHZEIT BACKZEIT: 35–40 MINUTEN

Ħobż ist das maltesische Wort für Brot. Es handelt sich um ein weißes, ovales bis rundes Brot, das oben und an den Seiten eine Kruste hat (außer an den Seiten, die sich beim Backen an andere Brote schmiegen — das dürfte zu Hause jedoch nicht passieren, es sei denn, man backt für Massen). *Ftira* ist das gleiche Brot, nur flacher und ringförmig wie ein großer Bagel. Dem Brauch nach schneidet man die *ftira* auf und belegt sie mit den typischen maltesischen Belägen (siehe Vorschläge unten), dann schneidet man sie in Stücke. Sowohl *ftira* als auch *ħobż* können aus demselben Teig hergestellt werden. Kneten müssen Sie bei diesem Rezept nicht, es erfordert eine sanfte Hand. Ich finde es am besten, einen gusseisernen Topf für *ħobż* zu verwenden, damit das Brot gut aufgeht und die knusprigen Ränder entstehen.

ZUTATEN

FÜR DEN VORTEIG
- 125 g Mehl (Type 550)
- 1½ TL Trockenhefe
- 45 ml Milch

FÜR DEN TEIG
- 260 g Weizenmehl (Type 812), plus etwas mehr zum Arbeiten
- 2 TL Trockenhefe
- 45 ml Milch
- Salz

FÜR DIE *FTIRA*-FÜLLUNG
Hier sind einige typische Kombinationen für den Belag, aber Sie können nach Belieben mischen und anpassen.

- zerdrückte reife Tomate, *ġbejniet*, Kapern, Minze und Olivenöl

- Sardellen, *kunserva* (Tomatenmark), Olivenöl, Kapern

- *kunserva*, rote Zwiebel, Thunfisch aus der Dose, *giardiniera* (eingelegtes Gemüse), Oliven, Kapern und zerkleinerter Blattsalat

ZUBEREITUNG

Vorteig 8 Stunden vorher zubereiten. Zutaten mit 120 ml warmem Wasser in eine große Schüssel geben und vermengen. Mit Frischhaltefolie abdecken und bei Zimmertemperatur 8 Stunden ruhen lassen. Ist die Umgebung sehr warm, 10 Stunden in den Kühlschrank stellen.

Restliche Zutaten zusammen mit 180 ml warmem Wasser und 1 TL Salz zum Vorteig geben und mit einer Gabel verrühren. Mit einem Holzlöffel weiterrühren, aus dem Teig eine Kugel formen. Abgedeckt an einem warmen Ort 30 Minuten gehen lassen.

Den Teig am Rand mit etwas Mehl bestäuben und mithilfe eine Spatels von der Schüssel lösen. Mit den Händen vorsichtig 10-mal in der Schüssel falten. Weitere 30 Minuten ruhen lassen. Den Schritt dann noch einmal wiederholen.

Reichlich Mehl auf ein Stück Backpapier streuen. Teig daraufsetzen und mit den Händen zu einer Kuppel formen, die Ränder umschlagen.

Dabei nicht die Luft aus dem Teig schlagen. Für *ħobż* den Teig mit einem Küchentuch abdecken. Für *ftira* mit dem Boden eines Glases in der Mitte des Teigs ein Loch formen. Das Glas im Loch stecken lassen, dann das Küchentuch über das Glas legen. Beide Brote jetzt 25 Minuten gehen lassen. Währenddessen den Backofen auf 250 °C (Umluft) vorheizen.

Für *ħobż* einen gusseisernen Topf erhitzen, für *ftira* einen Pizzastein oder ein Backblech. Brot mit dem Papier auf den Stein (*ftira*) oder in den heißen Topf geben (*ħobż*). Dabei darf keine Luft aus dem Teig entweichen. Für *ftira* das Loch in der Mitte noch einmal etwas erweitern. Brot mit etwas Wasser besprützen, das fördert die Krustenbildung. Im heißen Backofen (Mitte) 35 (*ftira*) bzw. 40 (*ħobż*) Minuten backen, bis die Brote eine kräftige Farbe haben. Mit den Fingern auf den Boden klopfen — klingt es hohl, sind sie fertig. Brote vollständig auf einem Gitterrost abkühlen lassen.

GALLETTI
WASSERCRACKER

FÜR CA. 45 CRACKER

ZUBEREITUNGSZEIT: 25 MINUTEN + 1 STUNDE 10 MINUTEN GEHZEIT + 1–2 STUNDEN TROCKENZEIT
BACKZEIT: 6 MINUTEN

Dieses Wassergebäck ist eine Ikone der maltesischen Küche. Fischer liebten es besonders, da es sich gut für unterwegs auf dem Meer mitnehmen ließ. Heute ist es ein unverzichtbarer Begleiter für jede *platt Malti*. *Galletti* sind auch als Snack weitverbreitet und werden sogar mit maltesischem Wurstgeschmack verkauft.

ZUTATEN

1 TL Trockenhefe
1 EL Olivenöl
200 g Mehl (Type 550)
150 g feiner Hartweizengrieß
Salz

ZUBEREITUNG

170 ml warmes Wasser mit Hefe und Öl in einer Rührschüssel anrühren und 10 Minuten ruhen lassen. Mehl, Grieß und ½ TL Salz einrühren, bis ein glatter, elastischer Teig entsteht. Den Teig mit einem Küchentuch abdecken und an einem warmen Ort 1 Stunde gehen lassen. (Alternativ können Sie den Teig in einer Küchenmaschine mit Knethaken zubereiten.) Luft aus dem Teig schlagen und den Teig auf die bemehlte Arbeitsfläche legen.

Den Teig dritteln und weitere 10 Minuten ruhen lassen. Den Backofen auf 230 °C (Umluft) vorheizen. Jeweils ein Teigdrittel 2 mm dick ausrollen. Mit einem runden Ausstecher (Ø 6 cm) oder einem Glas Cracker ausstechen. Mit mindestens 3 cm Abstand auf mit Backpapier belegte Backbleche legen.

Cracker jeweils 2-mal mit einer Gabel einstechen. Mit dem restlichen Teig genauso fortfahren, zum Schluss die Reste ausrollen und weitere Cracker ausstechen. *Galetti* 3 Minuten im Backofen (Mitte) backen, dann alle umdrehen und für weitere 3 Minuten backen. Bleche einige Minuten aus dem Ofen nehmen, um etwas Wärme abzuführen. Dann zum Abkühlen und Trocknen 1–2 Stunden wieder in den Backofen stellen. In einer luftdichten Dose aufbewahren.

FTIRA GĦAWDXIJA
PIZZABROT AUS GOZO

FÜR 1 BROT

ZUBEREITUNGSZEIT: 15 MINUTEN + 2 STUNDEN GEHZEIT BACKZEIT: 20 MINUTEN

Das uralte Rezept für diese »Pizza« basiert auf einem Fladenbrot aus Sauerteig (daher der Name *ftira*), der eine Füllung umschließt. Seine Spuren reichen zurück bis in das Dorf Nadur auf Gozo. Dort stellen zwei Bäckereien noch heute Versionen des Originals her. Es kann mit typisch maltesischen Füllungen belegt werden: Oliven, Kapern, Tomaten … Das Besondere an der gozitanischen *ftira* ist, dass die Füllung wie eine Calzone gebacken wird, nur mit einer offenen Oberseite. Nennen wir sie einen herzhaften Kuchen in freier Form! Die traditionellste und köstlichste Füllung ist *ġbejniet*-Käse mit dünn geschnittenen Kartoffeln drauf. Sie können aber auch Ricotta nehmen, ebenso gepfefferten Pecorino (oder Parmesan plus Pfeffer) anstelle des halbgetrockneten gepfefferten *ġbejniet*.

ZUTATEN

1 TL Trockenhefe
1 EL Olivenöl
250 g Mehl (Type 812)
Salz
1–2 EL feiner Hartweizengrieß zum Ausrollen

FÜR DIE FÜLLUNG

3 Eier (Größe M)
Salz
4–5 frische *ġbejniet*-Käselaibe (Seite 46; alternativ 80 g geriebener, gepfefferter Pecorino)
1 große Kartoffel
1 EL Olivenöl

ZUBEREITUNG

175 ml warmes Wasser, Hefe und Öl in einer Rührschüssel verrühren und einige Minuten beiseitestellen. Mehl und ½ TL Salz hinzufügen und aus den Zutaten einen Teig formen. Etwa 10 Minuten kneten, bis ein glatter, elastischer Teig entsteht. (Alternativ können Sie den Teig in einer Küchenmaschine mit Knethaken zubereiten.) Teig mit einem Küchentuch abdecken und 1½ Stunden gehen lassen.

Anschließend die Luft aus dem Teig schlagen. Aus der Schüssel nehmen und mit Grieß bestäuben. Zu einem dicken Kreis ausrollen, abdecken und für weitere 30 Minuten ruhen lassen.

In der Zwischenzeit die Füllung zubereiten. Eier mit 1 TL Salz verquirlen, dann Käse unterrühren. Kartoffel schälen, waschen und, falls vorhanden, mit einer Gemüsereibe in dünne Scheiben schneiden. Die Kartoffelscheiben in eine zweite Schüssel legen und mit dem Öl und etwas Salz vermengen, bis sie gleichmäßig damit überzogen sind.

Den Backofen auf 220 °C (Umluft) vorheizen. Falls vorhanden, den Pizzastein in den Ofen stellen, alternativ ein Backblech.

Den Teig zu einem Kreis ausrollen (Ø 40 cm). Die Käsemischung in der Mitte verstreichen, dabei einen 10 cm freien Rand lassen. Die Kartoffelscheiben gleichmäßig darauflegen.

Teigränder einschlagen, dabei vorsichtig vorher etwas nach oben ziehen. Die Mitte frei lassen. Im heißen Backofen (Mitte) 15–20 Minuten backen, bis das Brot und die Kartoffeln eine goldgelbe Farbe haben. In Stücke schneiden und mit einem Salat servieren.

QAGĦAQ TAL-ĦMIRA
HEFERINGE

FÜR 8 RINGE

ZUBEREITUNGSZEIT: 20 MINUTEN + 2 STUNDEN 40 MINUTEN GEHZEIT BACKZEIT: 15 MINUTEN

Diese würzigen Brötchen liegen irgendwo zwischen süß und herzhaft und erinnern an Osterbrötchen, nur ohne die Früchte. Mit Butter und/oder Konfitüre serviert, sind die frisch gebackenen Heferinge perfekt für den Nachmittagstee oder -kaffee.

ZUTATEN

- 165 ml Milch, plus etwas mehr zum Bestreichen
- 80 g Zucker
- 2 TL Trockenhefe
- 350 g Mehl (Type 812), plus etwas mehr zum Arbeiten
- Salz
- 1 TL Pumpkin-Pie-Gewürz (Kürbisgewürz)
- Schale von 1 kleinen Bio-Orange
- Schale von 1 kleinen Bio-Zitrone
- 70 g Butter
- 50 g Sesam

ZUBEREITUNG

Milch mit 2 TL Zucker in einen Topf geben und handwarm erhitzen. In eine Rührschüssel gießen und die Hefe hinzufügen. 10 Minuten ruhen lassen.

Mehl, ¼ TL Salz, Gewürzmischung, geriebene Orangen- und Zitronenschale, Butter und restlichen Zucker hinzufügen und zu einem Teig verrühren. Teig 10 Minuten kneten, bis er glatt und elastisch ist. (Alternativ können Sie den Teig in einer Küchenmaschine mit Knethaken zubereiten.) Mit einem Küchentuch abdecken und 2 Stunden gehen lassen.

Auf einer leicht bemehlten Arbeitsfläche den Teig in 8 Stücke teilen. Jedes Stück in 20—25 cm lange Streifen ausrollen. Sie sollten etwa 3 cm dick sein. Einen Streifen nehmen und ein Ende leicht anfeuchten.

Die Streifen zu einem Ring formen, die Enden überlappen sich leicht. Fest zusammendrücken. Ringe mit einigen Zentimetern Abstand auf ein mit Backpapier ausgelegtes Backblech legen, mit etwas Milch oder Wasser bestreichen und mit Sesam bestreuen. Abgedeckt 30 Minuten gehen lassen.

Den Backofen auf 180 °C (Umluft) vorheizen und die Ringe im heißen Backofen (Mitte) für 15 Minuten backen.

PASTA

Spaghetti mit Tomatensauce sind ein Hauptbestandteil der maltesischen Küche, und größere oder festliche Mahlzeiten beginnen stets mit einem Teller Pasta.

Durch die Nähe zu Sizilien und Italien hat Pasta auch in der maltesischen Küche einen festen Stammplatz. Spaghetti und Makkaroni (eher gerade statt ellbogenförmige) werden häufig verwendet, ebenso wie *kusksu*, eine kleine, perlenförmige Pasta, die der sardischen *fregola* ähnelt und deren Name an »Couscous« erinnert.

Spaghetti mit Tomatensauce sind ein Hauptbestandteil der maltesischen Küche, und größere oder festliche Mahlzeiten beginnen stets mit einem Teller Pasta. Gibt es beim Familienessen etwa geschmortes Kaninchen oder Tintenfischeintopf, wird die Sauce oft mit Nudeln als Vorspeise serviert oder als Resteessen am nächsten Tag verzehrt.

Die maltesische Küche verzichtet auf fantasievolle Formen und komplexe Saucen und verwendet eine relativ kleine Auswahl an Zutaten. Dennoch werden einfache Kombinationen aus Fleisch, Käse, Tomaten, Fisch und Meeresfrüchten auf einfallsreiche Weise zubereitet. Von Vermicelli-Parmesan-Pie bis zu kleinen Nudeln, die wie Risotto gekocht werden, bietet dieses Kapitel Rezepte, die es wert sind, nachgekocht zu werden.

SPAGETTI RIZZI
SPAGHETTI MIT SEEIGEL

FÜR 4 PORTIONEN

ZUBEREITUNGSZEIT: 10 MINUTEN KOCHZEIT: 15 MINUTEN

Im Geiste erkunde ich beim Schreiben die zerklüfteten Felsen am Mittelmeer, weiche den Seeigeln unter den Füßen aus und genieße die Sonne Maltas, die auf mich herabstrahlt. Dieses Gericht entführt Sie ans Meer. Sein Geschmack durchdringt die Pasta — ein so einfaches Gericht, das typisch für die maltesische Küche ist, besonders wenn es mit knusprigem Brot und einem grünen Salat serviert wird. Purist*innen könnten Zitrone und Minze weglassen, aber ich liebe ihre Frische (wenn Sie möchten, können Sie Minze durch Petersilie ersetzen). Das orangefarbene Fleisch im Inneren der Seeigel ist eigentlich ein Fortpflanzungsorgan, fälschlicherweise Rogen genannt. Sein Geschmack ist am süß-salzigsten, bevor die Seeigel sich auf das Ablaichen vorbereiten (für viele ist der Herbst die beste Jahreszeit, um sie zu essen). Sie können Seeigel, von ihren stacheligen Schalen befreit, bei guten Fischhändlern kaufen.

ZUTATEN

2 mittelgroße reife Tomaten
400 g Spaghetti
Salz
1 kleine Zwiebel
1 Knoblauchzehe
3 EL Olivenöl
frisch gemahlener schwarzer Pfeffer
Schale von ¼ Bio-Zitrone
1 TL Zitronensaft
1 TL gehackte Minze
150 g Seeigelfleisch

ZUBEREITUNG

Die Tomaten waschen, an der Unterseite einritzen und mit der Gemüsereibe das Fruchtfleisch reiben. Die Spaghetti in kochendem Salzwasser al dente kochen. Vor dem Abgießen der Pasta 200 ml Nudelwasser abnehmen.

Während die Spaghetti kochen, Zwiebel und Knoblauch schälen und fein hacken. 2 EL Olivenöl erhitzen und Zwiebel und Knoblauch darin bei schwacher bis mittlerer Hitze anschwitzen. Tomaten und etwas Salz und Pfeffer hinzufügen und 2 Minuten weiterbraten, bis die Tomaten zerfallen. Jetzt Spaghetti, das abgenommene Nudelwasser, geriebene Zitronenschale und -saft, Minze, restliches Öl und Seeigelfleisch hinzugeben. Gut vermengen, bis der Seeigel sich verteilt hat. Abschmecken und servieren.

RAVJUL ĠBEJNIET
RAVIOLI AUS GOZO

FÜR 4–6 PORTIONEN

ZUBEREITUNGSZEIT: 40 MINUTEN KOCHZEIT: 20 MINUTEN

Ein Muss für Reisende auf Gozo sind die Ravioli des Gastronomen Rikardu Zammit auf dem Dach des Restaurants *Ta' Rikardu* an der Zitadelle im Zentrum von Victoria. Er stellt selbst *ġbejniet*-Käse und Nudeln her und toppt sie mit einer süßen Tomatensauce. Das einfache Gericht unterstreicht den Geschmack der reifen Tomaten und des Käses — einfach göttlich. Für diejenigen, die nicht dorthin kommen, soll dieses Rezept das Erlebnis so nahe wie möglich bringen.

ZUTATEN

FÜR DEN PASTATEIG
siehe Seite 102

FÜR DIE FÜLLUNG
- 1 Ei (Größe S)
- 4 frische *ġbejniet*-Käselaibe (Seite 46; alternativ 360 g fester Ricotta)
- Salz, frisch gemahlener schwarzer Pfeffer

FÜR DIE TOMATENSAUCE
- 3 große reife Tomaten
- ½ Zwiebel
- 2 Knoblauchzehen
- 1 EL Olivenöl
- 2 EL Tomatenmark
- 2 TL Zucker
- 1 TL getrockneter Oregano
- Salz
- ¼ TL frisch gemahlener schwarzer Pfeffer

AUSSERDEM
- 1 Ei (Größe M)
- Mehl und Hartweizengrieß zum Arbeiten
- gehackte glatte Petersilie zum Servieren
- Olivenöl zum Servieren

ZUBEREITUNG

Für den Pastateig dem Rezept auf Seite 102 folgen. Während der Teig ruht, die Füllung und die Sauce zubereiten.

Für die Füllung das Ei in einer Schüssel verschlagen. Käse, ½ TL Salz und Pfeffer unterrühren.

Für die Sauce Tomaten waschen, an der Unterseite einritzen und mit der Gemüsereibe das Fruchtfleisch reiben. Zwiebel und Knoblauch schälen, Zwiebel fein würfeln, Knoblauch fein hacken. Olivenöl erhitzen und Zwiebeln und Knoblauch darin bei mittlerer Hitze 5 Minuten anschwitzen. Tomaten, Tomatenmark, Zucker, Oregano und Salz und Pfeffer zugeben und weitere 8 Minuten köcheln lassen. Abschmecken und vom Herd nehmen.

Ein Drittel des Pastateigs abnehmen, den Rest wieder abdecken. Teig leicht mit Mehl bestäuben, dann mit einer Teigrolle zu einem handbreiten Rechteck ausrollen. Bei der breitesten Einstellung durch die Nudelmaschine rollen, ein paarmal wiederholen, dabei ausgefranste Ränder wieder einfalten. Man soll eine glatte Nudelscheibe mit geraden Rändern haben. Breite jeweils um 1 Stufe verringern, bis das Teigstück 90 cm lang ist (der Teig sollte etwas dicker sein.) Beiseitelegen und die anderen beiden Teigstücke ebenso vorbereiten.

Ei leicht verquirlen. Gehäufte TL von der Füllung im Abstand von 9 cm auf die Nudelblätter setzen. Mit einem runden Ausstecher (Ø 9 cm) Kreise rund um die Füllungen ausstechen. Den Rand der Kreise mit etwas verquirltem Ei bestreichen. Zu Halbmonden falten, Ränder sanft zusammendrücken. Backblech mit Grieß bestäuben und die Ravioli darauflegen. (Nudelreste schneiden, mit Grieß mischen und als Pasta kochen oder einfrieren.)

4 l Salzwasser kochen. Hitze auf sanftes Köcheln reduzieren und die Hälfte der Ravioli hineingeben. In der Zwischenzeit die Tomatensauce erhitzen. Ravioli 3½ Minuten garen, mit einem Schaumlöffel herausnehmen und auf Teller legen. Restliche Ravioli kochen. Mit einem Löffel Sauce, Petersilie und Olivenöl beträufelt servieren.

GĦAĠIN BEBBUX MIMLI BL-IRKOTTA
GEBACKENE MUSCHEL-PASTA MIT RICOTTA

FÜR 4–6 PORTIONEN

ZUBEREITUNGSZEIT: 45 MINUTEN KOCHZEIT: 1 STUNDE

Es gibt verschiedene Möglichkeiten, dieses Gericht zuzubereiten: Manche backen die Nudeln im Ofen, andere ersetzen die Tomaten- durch Béchamelsauce. In dieser Version werden die Nudeln mit Ricotta gefüllt, bevor sie gekocht werden, und die Ränder werden mit Hartweizengrieß geschlossen. Die Tomate bildet den perfekten Kontrast zum cremigen Ricotta, und die Muscheln bekommen im Ofen einen knusprigen Rand. Kinder lieben dieses Gericht! Servieren Sie es mit Salat und knusprigem Brot.

ZUTATEN

- 3 große reife Tomaten (alternativ 400 g stückige Tomaten aus der Dose)
- 1 Zwiebel
- 1 Knoblauchzehe
- 1 EL Olivenöl, plus etwas mehr zum Beträufeln
- 2 EL Tomatenmark
- 1 Lorbeerblatt
- Salz, frisch gemahlener schwarzer Pfeffer
- 400 g Ricotta
- 2 Eier (Größe M)
- 1 EL gehackte Minze
- 100 g fein geriebener Parmesan
- 60 g feiner Hartweizengrieß
- 400 g große Muschel-Pasta (z. B. *lumaconi* oder *conchiglie*)

ZUBEREITUNG

Die frischen Tomaten waschen, an der Unterseite einritzen und mit der Gemüsereibe das Fruchtfleisch reiben. Zwiebel und Knoblauch schälen und fein hacken. Olivenöl erhitzen und Zwiebeln und Knoblauch bei mittlerer Hitze darin weich braten. Tomatenmark, Tomaten, Lorbeerblatt und 250 ml Wasser zufügen, mit Salz und Pfeffer würzen und 25 Minuten köcheln lassen.

Den Backofen auf 190 °C (Umluft) vorheizen.

Ricotta, Eier, Minze und ein Drittel des Parmesans verrühren. 2 EL Grieß und etwas Salz und Pfeffer mischen und unter die Masse rühren. In einen Spritzbeutel oder einen Ziplock-Gefrierbeutel (1 cm an einer Ecke abschneiden) füllen und den restlichen Grieß auf einen Teller geben. Die Muschel-Pasta mit Ricotta-Masse füllen. Mit der offenen Seite in den Teller mit dem Grieß legen, die Füllung sollte gut damit bedeckt sein.

4 l Salzwasser aufkochen. Die Hitze auf sanftes Köcheln reduzieren und die gefüllten Muscheln hineingeben und al dente garen. (Aufgrund der Füllung garen sie langsamer als auf der Packung angegeben. Zum Checken müssen Sie eine Muschel herausnehmen und eine Ecke probieren.) Die gegarten Muscheln vorsichtig mit einem Schaumlöffel herausnehmen und auf ein Backblech legen.

Backblech mit der Hälfte der Tomatensauce bestreichen. Ein Drittel des Parmesans daraufstreuen. Die Pasta-Muscheln darauf verteilen. Die restliche Sauce auf die Pasta streichen, den restlichen Parmesan darüberstreuen und mit etwas Olivenöl beträufeln. 20 Minuten im heißen Backofen (oben) backen, bis eine goldgelbe Kruste entstanden ist.

FROĠA TAT-TARJA
VERMICELLI-PARMESAN-PIE

FÜR 4 PORTIONEN

ZUBEREITUNGSZEIT: 15 MINUTEN KOCHZEIT: 15 MINUTEN

Diese kuriose Pie, die ohne Teig auf dem Herd zubereitet wird, sollen Hausfrauen aus Nudelresten entwickelt haben. Hier finden Sie die klassische Version, aber auch Zutaten wie geröstetes Gemüse oder kleine Geschmacksbomben wie Kapern, sonnengetrocknete Tomaten und Oliven können hinzugefügt werden. Dann benötigen Sie womöglich etwas mehr Käse und Ei zum Binden. Da die Pie etwas trocken sein kann, serviere ich dazu gern einen knackigen Salat aus Tomaten und roten Zwiebeln. Alternativ können Sie auch etwas Pesto oder warme *passata* (pürierte Tomaten) obendrauf geben. Dünne Nudeln eignen sich am besten für die Pastete, da sie gut zusammenhalten.

ZUTATEN

FÜR DIE PIE

- 220 g Vermicelli (alternativ Engelhaarpasta oder Spaghettini)
- 2 Eier (Größe L)
- 50 g geriebener Parmesan, plus etwas mehr zum Servieren (nach Belieben)
- 2 EL gehackte glatte Petersilie
- 100 ml Milch
- Salz, frisch gemahlener schwarzer Pfeffer
- 1 Knoblauchzehe
- 1 EL Olivenöl
- 1 EL Butter

FÜR DEN TOMATENSALAT

- 4 große reife Tomaten
- ½ rote Zwiebel
- Salz, frisch gemahlener schwarzer Pfeffer
- 1 EL Olivenöl
- 2 TL Rotweinessig
- 2 EL grob gehackte glatte Petersilie

ZUBEREITUNG

Die Vermicelli in Salzwasser garen, und zwar 1 Minute weniger als auf der Verpackung angegeben. Abgießen und mit kaltem Wasser abspülen. Die restlichen Zutaten, außer Öl und Butter, in einer Schüssel verrühren, Knoblauch dazu pressen. Pasta gründlich untermengen.

Öl und Butter bei schwacher Hitze in einem Topf (Ø 25 cm) erhitzen. Mit einem Backpinsel die Seiten des Topfes mit dem Öl-Butter-Gemisch bestreichen. Die Nudeln hineingeben, dann flach drücken (ich mache das mit einem Teller). Etwa 3 Minuten garen, dann prüfen, ob sich am Boden eine goldgelbe Kruste gebildet hat. (Es sollte nicht anbrennen, dann schmeckt das Ganze bitter.) Ist die Kruste richtig, einen großen Teller auf den Topf legen, Topf und Teller vorsichtig wenden und die Pasta auf den Teller gleiten lassen. Pasta wieder in den Topf geben und weitere 3 Minuten garen.

Für den Tomatensalat die Tomaten waschen und in 1 cm dicke Scheiben schneiden. Zwiebel schälen und in dünne Scheiben schneiden. Tomatenscheiben und Zwiebeln auf einem Teller verteilen und mit Salz und Pfeffer bestreuen. Mit Olivenöl und Essig beträufeln und mit Petersilie garnieren.

Vermicelli-Pie mit dem Tomatensalat und nach Belieben mit etwas Parmesan servieren.

GĦAĠIN GRIEĠ
GRIECHISCHE PASTA

FÜR 4–6 PORTIONEN

ZUBEREITUNGSZEIT: 5 MINUTEN KOCHZEIT: 20 MINUTEN

Die Zutaten dieses One-Pot-Wunders verschmelzen zu etwas dekadent Gutem. Da die Nudeln vorher nicht gekocht werden, bleibt die Stärke erhalten, was das Ganze so cremig wie einen feinen Risotto macht. Eine gute Portion Butter und Parmesan helfen auch! Es ist ein Rätsel, warum das maltesische Gericht als »griechisch« bekannt ist, möglicherweise liegt es an den kleinen orzo-Nudeln, die in Griechenland sehr beliebt sind. Traditionell wird Schweinehackfleisch oder maltesische Wurst verwendet, aber ich nehme lieber Lammfleisch, weil es magerer ist. Vermutlich stammt das Rezept aus dem 18. Jahrhundert, da es keine Tomaten enthält. Diese wurden erstmals 1782 erwähnt. Heute ist ein Rezept ohne Tomate fast ein Sakrileg.

ZUTATEN

- 1 l Hühnerbrühe
- 1 Zwiebel
- 1 Knoblauchzehe
- 2 Scheiben Bacon
- 90 g Butter
- 300 g mageres Lamm- oder Schweinehackfleisch
- Salz, frisch gemahlener schwarzer Pfeffer
- 1 Zweig Rosmarin
- 250 ml trockener Weißwein
- 3 Lorbeerblätter
- 350 g kleine Pasta, z.B. *ditali*, *ditalini*, *fregola*, *orzo* oder *risoni*
- 60 g fein geriebener Parmesan
- 3 EL gehackte Petersilie

ZUBEREITUNG

Die Brühe in einem Topf zum Köcheln bringen. In der Zwischenzeit Zwiebel und Knoblauch schälen und fein hacken. Bacon ebenfalls fein hacken.

Die Butter bis auf 1 EL in einem weiteren Topf bei mittlerer Hitze zerlassen. Zwiebeln und Knoblauch in ca. 5 Minuten darin weich braten. Hackfleisch, Bacon und etwas Salz und Pfeffer hinzugeben und das Fleisch leicht anbräunen und krümelig braten. Rosmarin waschen, trocken schütteln und zusammen mit Wein, Lorbeerblättern und Pasta zum Fleisch geben und unter Rühren köcheln lassen.

Sobald der Wein absorbiert ist, etwas von der Brühe zugießen und weiterköcheln, ab und zu umrühren. Mehr Brühe zugießen, bis die Pasta al dente ist (es kann sein, dass nicht alle Brühe benötigt wird). Rosmarin entfernen und Parmesan, Petersilie und restliche Butter einrühren. Am besten mit knusprigem Brot servieren.

Postkarte #02

Hügel, die bis ans Wasser reichen, Türme am Horizont.
Halbinseln und Häfen, von Rittern gebaut und verteidigt.
Frauen plaudern über hängende Wäsche hinweg — ikonische maltesische
Balkone mit den schönsten Holzarbeiten und Farben.
Nachtschwärmer speisen und lachen im *St. Julian's*, immer noch in
Reichweite des klaren Mittelmeerblaus.
Nachtschwimmen; alles ist ruhig, während in der Ferne Lichter tanzen.
Eine ruhige Morgendämmerung läutet *pastizzi* und Kaffee ein. Ein neuer
Tag in Valletta.

IMQARRUN IL-FORN
MAKKARONI AUS DEM OFEN

FÜR 6 PORTIONEN

ZUBEREITUNGSZEIT: 25 MINUTEN KOCHZEIT: 1 STUNDE 20 MINUTEN

Imqarrun il-forn weckt Erinnerungen an das Essen bei meiner Großmutter. Wenn es nicht auf dem Tisch stand, war es oft schon im Kühlschrank. Meine Cousins, Cousinen und ich stritten uns immer um die unwiderstehliche Kruste (die durch den Grieß zustande kommt). Wie *ross il-forn* (Seite 148) wird dieses Gericht in Cafés und Bäckereien in ganz Malta und Gozo in kleinen Aluminiumschalen verkauft. Das Rezept ähnelt *timpana* (Seite 161), doch es ist nicht so pompös und ohne Teig. Das macht es einfacher, es auch unter der Woche zuzubereiten (Hühnerleber, gekochte Eier und Erbsen können jedoch hinzugefügt werden, wenn Sie möchten). Makkaroni aus dem Ofen lassen sich nicht gut aufwärmen, aber ich finde es köstlich, wenn man sie an einem heißen Sommertag kalt aus dem Kühlschrank isst.

ZUTATEN

- 3 große reife Tomaten (alternativ 400 g stückige Tomaten aus der Dose)
- 1 Zwiebel
- 3 Knoblauchzehen
- 2 EL Olivenöl, plus etwas mehr zum Fetten
- 500 g Rinderhackfleisch (alternativ Schwein oder gemischt)
- 80 g Bacon oder Pancetta (in Würfeln; nach Belieben)
- 100 ml Rotwein
- 2 EL Tomatenmark
- ½ EL getrockneter Oregano
- Salz, frisch gemahlener schwarzer Pfeffer
- 500 g gerade Makkaroni (alternativ lange Röhrennudeln (bis 25 cm) oder Penne)
- 1 Ei (Größe M)
- 150 ml Milch
- ⅛ TL frisch geriebene Muskatnuss
- 70 g geriebener Parmesan
- 2 EL feiner Hartweizengrieß

ZUBEREITUNG

Frische Tomaten waschen, an der Unterseite einritzen und mit der Gemüsereibe das Fruchtfleisch reiben. Zwiebel und Knoblauch schälen und fein hacken. Olivenöl erhitzen und Zwiebeln und Knoblauch darin bei mittlerer Hitze 5 Minuten anschwitzen. Hackfleisch, Bacon oder Pancetta hinzufügen und das Fleisch bräunen, bis jegliche Flüssigkeit verdampft ist. Wein und Tomatenmark zugeben und den Wein verkochen lassen. Tomaten, Oregano und etwas Salz und Pfeffer einrühren, Deckel auflegen und 45 Minuten köcheln lassen, etwas Wasser zugeben, wenn das Ragù zu trocken wird. Abschmecken und ggf. nachwürzen.

Den Backofen auf 200 °C (Umluft) vorheizen. In der Zwischenzeit die Nudeln in Salzwasser garen, einige Minuten weniger als auf der Verpackung angegeben. Abgießen und mit kaltem Wasser abspülen. Ei und Milch in einer kleinen Schüssel verrühren, Muskat und die Hälfte des Parmesans unterrühren. In einer großen Schüssel Nudeln mit Ragù vermengen, dann die Milch-Ei-Mischung einrühren.

Eine große Auflaufform mit Öl fetten und Boden und Rand der Form mit Grieß ausstreuen. Die Pasta-Mischung darin verteilen, mit restlichem Parmesan bestreuen und mit 1 EL Olivenöl beträufeln. Mit Folie abdecken und im heißen Ofen 10 Minuten (oben) backen. Folie entfernen und weiterbacken, bis eine Kruste mit einigen dunklen Punkten entsteht. Wenn sich keine Kruste bildet, die Hitze erhöhen. Abgesehen von der Kruste sollte die Pasta aber unbedingt saftig bleiben.

PERLENNUDELN UND SAUBOHNENSUPPE
KUSKSU

FÜR 4 PORTIONEN

ZUBEREITUNGSZEIT: 20 MINUTEN KOCHZEIT: 30 MINUTEN

Kusksu sind winzige Perlennudeln aus Malta. Ihre Größe entspricht etwa der eines großen Pfefferkorns. Angesichts ihrer Ähnlichkeit mit Couscous ist es wahrscheinlich, dass ihr Ursprung auf die arabische Besetzung Maltas zurückgeht, Beweise gibt es dafür aber nicht. Dieses Gericht ist unter dem gleichen Namen bekannt und enthält eine weitere Lieblingszutat der Malteser — frische Saubohnen — mit einem Hauch des allgegenwärtigen Tomatenmarks und dem beliebten maltesischen Käse *ġbejniet*. Das Gericht zwischen Pasta und Suppe wird oft im Frühjahr serviert, wenn die Bohnen Saison haben, mit TK-Bohnen kann man es aber auch gut im Winter zubereiten. Wenn Sie die Nudeln nicht finden können, nehmen Sie Perl-Couscous, *fregola* (eine ähnliche geröstete Pasta aus Sardinien) oder *ditalini*.

ZUTATEN

- 180 g Saubohnen
- Salz
- 1 mittelgroße Zwiebel
- 1 Knoblauchzehe
- 2 EL Olivenöl
- 80 g Bacon (in Würfeln; nach Belieben)
- 2 EL Tomatenmark
- 1 l Gemüsebrühe oder Wasser
- 100 g *kusksu* (alternativ Perl-Couscous, *fregola* oder *ditaline*)
- 2 EL gehackte Minze
- 2 EL gehackte glatte Petersilie
- frisch gemahlener schwarzer Pfeffer
- 4 frische *ġbejniet*-Käselaibe (Seite 46; alternativ 360 g fester Ricotta)
- 50 g geriebener Parmesan (alternativ anderer Hartkäse)

ZUBEREITUNG

Die Saubohnen 3 Minuten in Salzwasser blanchieren, abgießen, kurz abspülen und in eine Schüssel Eiswasser geben. Mit dem Daumennagel die Häute der Bohnen öffnen und die Bohnen aus der Schale drücken.

Zwiebel schälen und fein würfeln, Knoblauch ebenfalls schälen und klein schneiden. Öl erhitzen und Zwiebeln, Knoblauch und nach Belieben Speck bei mittlerer Hitze darin braten, bis die Zwiebeln weich sind. Tomatenmark einrühren, dann Brühe und *kusksu* hinzufügen und zum Kochen bringen. Mit halb aufgelegtem Deckel für 15 Minuten köcheln lassen.

Saubohnen zugeben und weitere 5 Minuten köcheln, dann vom Herd nehmen. (Wenn Sie Perl-Couscous, *fregola* oder *ditalini* verwenden, die Garzeit auf der Packungsangabe beachten und entsprechend die Kochzeit anpassen.) Kräuter einrühren — etwas für die Garnitur übrig lassen — und mit Salz und Pfeffer würzen.

Einen Käselaib oder ein Stück Ricotta (geviertelt) in jeden Teller geben, die Suppe darübergeben. Mit Kräutern garnieren und mit Parmesan bestreuen.

RAVJUL ZALZETT MALTI
RAVIOLI MIT MALTESISCHER WURST

FÜR 4–6 PORTIONEN

ZUBEREITUNGSZEIT: 40 MINUTEN + RUHEZEIT KOCHZEIT: 20 MINUTEN

Maltesische Würste wurden traditionell so hergestellt, dass das Fleisch ohne Kühlung konserviert und zum Rohverzehr gepökelt wurde. In diesem Ravioli-Rezept ahme ich den knoblauch- und koriandernahen Geschmack der echten maltesischen Würste nach, verwende aber frisches Schweinehackfleisch. Ravioli sind auf maltesischen Speisekarten weitverbreitet und oft mit Ricotta gefüllt. Im *Briju*, einem meiner Lieblingsrestaurants in Valletta, habe ich ein ähnliches Gericht gegessen, das ohne viel Schnickschnack oder Beilagen serviert wurde, direkt aus dem Topf und nur mit Olivenöl beträufelt. Ich dachte, der Koch hätte vielleicht die Sauce vergessen, doch dann wurde mir klar, dass die Absicht war, das freudige Zusammenspiel von maltesischem Wurstgeschmack und Olivenöl zu betonen.

ZUTATEN

FÜR DIE PASTA
- 200 g Weizenmehl (Type 550), plus etwas mehr zum Arbeiten
- 150 g feiner Hartweizengrieß, plus etwas mehr zum Arbeiten
- Salz
- 3 Eier (Größe M)
- 2 EL Olivenöl

FÜR DIE FÜLLUNG
- 500 g Schweinehackfleisch
- 2 EL Olivenöl
- 1 EL Koriandersamen
- ½ TL schwarze Pfefferkörner
- 1 Knoblauchzehe
- 2 EL fein gehackte glatte Petersilie
- 1 TL Meersalz

AUSSERDEM
- 1 Ei (Größe M)
- Olivenöl zum Servieren

ZUBEREITUNG

Mehl, Grieß und 1 TL Salz in einer Schüssel mischen. Mittig eine Vertiefung machen und mithilfe einer Gabel Eier und Öl ins Mehl rühren. Dann mit den Händen daraus einen glatten Teig kneten. Ist er zu klebrig, mit etwas Mehl bestäuben. Abdecken und etwa 30 Minuten ruhen lassen.

Hackfleisch in eine Schüssel geben, zimmerwarm werden lassen. Olivenöl erhitzen und Koriander bei mittlerer Hitze braten, bis er zu duften beginnt. Koriander und Öl mit Pfeffer, Knoblauch, Petersilie und Salz im Mörser zerkleinern. Zum Fleisch geben und vermengen.

Ein Viertel vom Teig (Rest abgedeckt lassen) leicht mit Mehl bestäuben und zu einem handbreiten Rechteck ausrollen. Ein paar mal durch die Nudelmaschine rollen (breiteste Einstellung), ausgefranste Ränder falten. Man sollte eine glatte Nudelscheibe mit geraden Rändern haben. Die Breite jeweils um 1 Stufe verringern, bis das Teigstück 90 cm lang ist (der Teig sollte etwas dicker sein.) Die anderen Teigviertel ebenso vorbereiten.

Ei in einer Schüssel leicht verquirlen. Mit gehäuften TL die Füllung im Abstand von 8 cm jeweils auf ein Nudelblatt geben. Verquirltes Ei um die Füllung streichen. Das zweite Nudelblatt darauflegen und beide Teigscheiben jeweils um die Füllung herum fest zusammendrücken. Darauf achten, dass keine Luft miteingeschlossen wird. Mit einem runden Ausstecher (Ø 8 cm) die Ravioli ausstechen. Ein Backblech mit Grieß bestreuen und jeden Raviolo damit überziehen. Mit dem restlichen Teig genauso fortfahren. Die Teigreste können mit Grieß bestäubt und eingefroren werden.

4 l Salzwasser zum Köcheln bringen und jeweils ein Viertel der Ravioli hineingeben. 4 Minuten ziehen lassen, mit einem Schaumlöffel herausnehmen und auf Teller legen. Zum Servieren mit Olivenöl beträufeln.

SPAGETTI BOTTARGA U FRAK TAL-ĦOBŻ

SPAGHETTI MIT BOTTARGA UND SEMMELBRÖSELN

FÜR 4 PORTIONEN

ZUBEREITUNGSZEIT: 15 MINUTEN KOCHZEIT: 20 MINUTEN

Bottarga ist der gepökelte Rogenbeutel der grauen Meeräsche, ein Synonym für Sardinien und Sizilien. Er wird aber auch in anderen Mittelmeerländern verwendet, einschließlich Malta. Dort kommt häufiger Thunfisch-Rogen vor, der einen kräftigeren Geschmack hat. Durch das Salzen und Trocknen entwickelt der Rogen einen profunden Umami-Geschmack. Gerieben kann er auch auf Brot mit frischer Tomate serviert oder in Salate gegeben werden. Ich liebe dieses einfache Gericht. Der Schlüssel zum Erfolg ist das Emulgieren des Nudelwassers mit dem Öl, und die gebratenen Semmelbrösel geben dem Gericht Struktur.

FÜR DIE SEMMELBRÖSEL

- 150 g Brot vom Vortag
- 2 EL Olivenöl
- 1 EL Butter
- Salz, frisch gemahlener schwarzer Pfeffer

ZUTATEN

- 2 Knoblauchzehen
- 120 ml Olivenöl
- ¼ TL Chiliflocken
- 40 g fein geriebener *bottarga* (getrockneter Meeräschen- oder Thunfischrogen)
- 350 g lange Pasta (z. B. Spaghetti, Spaghettoni oder Linguine)
- Salz
- 2 EL fein gehackte glatte Petersilie
- Schale von 1 Bio-Zitrone
- 1 EL Zitronensaft

ZUBEREITUNG

Brot im Mixer zerkleinern, die Brösel sollten allerdings nicht zu fein werden. Öl und Butter in einer Pfanne erhitzen und die Brösel darin goldgelb anbraten. Mit Salz und Pfeffer würzen, dann auf einen mit Küchenpapier belegten Teller geben.

Knoblauch leicht mit dem Messer zerdrücken und zusammen mit dem Öl bei mittlerer Hitze erhitzen, den Knoblauch dabei häufig wenden. Hat der Knoblauch sein Aroma abgegeben und ist leicht goldgelb, herausnehmen. Chiliflocken einrühren und 30 Sekunden mitbraten, dann *bottarga* (bis auf 2 EL) zugeben und im Öl schmelzen lassen. In der Zwischenzeit die Spaghetti in Salzwasser nach Packungsangabe garen. Abgießen, dabei 375 ml Kochflüssigkeit auffangen.

Das Öl mit *bottarga* langsam wieder erhitzen, 125 ml Kochflüssigkeit zugeben. Die heiße Pasta untermengen, sodass Wasser und Öl emulgieren. Soll die Konsistenz cremiger werden, noch etwas Kochflüssigkeit einrühren. Petersilie, geriebene Zitronenschale und Zitronensaft hinzufügen und gut untermengen. Auf 4 Teller geben und restlichen *bottarga* daraufgeben. Mit Semmelbröseln bestreuen.

FISCH & MEERESFRÜCHTE

Da die Wertschätzung der Malteser*innen für Fisch immer weiter zunimmt, erhöhen sich auch die Vielfalt der angebotenen Meerestiere und die Methoden der Zubereitung.

Wo auch immer Sie sich auf Malta befinden, Sie sind nur wenige Minuten vom Meer entfernt. Lange Zeit beschränkten sich die Malteser*innen auf wenige Fischsorten, und der Verzehr von Meeresfrüchten hielt sich in Grenzen — ganz anders, als man von einer Nation umgeben von Salzwasser erwarten würde. Zu den gängigen Sorten gehörten Petersfisch, Zackenbarsch, Seehecht, *lampuki* (Dorade) und Bernsteinmakrele sowie Tintenfisch und Calamari.

Traditionell galten Fisch und Meeresfrüchte eher als alltägliche oder bäuerliche Mahlzeit, während bei Wochenend- oder Festtagsessen Fleisch und Gemüse auf den Tisch kamen. Doch da die Wertschätzung der Malteser*innen für Fisch immer weiter zunimmt, erhöhen sich auch die Vielfalt der angebotenen Meerestiere und die Methoden der Zubereitung.

Früher hörte man mittwochs und freitags den Ruf der Fischverkäufer*innen, die »*friski u ħajjin*« (»frisch und lebendig«) riefen, sobald sie in die Stadt kamen. Heute sind Fische und Meeresfrüchte auf den Märkten, an den Straßenständen und auf den Esstischen allgegenwärtig.

Anders als in einigen Teilen Europas können die maltesischen Fischer noch immer vom Meer leben. In Marsaxlokk, südlich von Valletta, gibt es im Hafen viele bunte Fischerboote, die sogenannten *luzzu*, mit geschnitzten und bemalten Augen am Bug. Diese Augen sollen die Fischer bei ihrer gefährlichen Arbeit schützen. Das Gewerbe reicht zurück bis zu den Phöniziern, die vor über 2000 Jahren nach Malta kamen. Jeden Sonntag findet in Marsaxlokk ein Markt statt, auf dem Einheimische und Tourist*innen die Fische und Früchte des Mittelmeers kaufen können.

Dieses Kapitel enthält klassische maltesische Zubereitungen, aber auch wenige, wo Inselzutaten und der Reichtum des umliegenden Meeres ihren Beitrag geleistet haben.

QARNIT BIT-TEWM
TINTENFISCHSALAT

FÜR 4 PORTIONEN

ZUBEREITUNGSZEIT: 20 MINUTEN KOCHZEIT: 40 MINUTEN + RUHE- UND KÜHLZEIT

Dieser kalte Salat ist perfekt für einen heißen Tag in der Sonne oder als Vorspeise. Kombinieren Sie ihn mit frischem ħobż und Sie haben eine erfrischende und köstliche leichte Mahlzeit. Der Essig sollte gut zur Geltung kommen. Reste lassen sich ein paar Tage im Kühlschrank aufbewahren.

ZUTATEN

- 1 kleiner Tintenfisch (ca. 600 g)
- 1 TL Salz
- 1 Knoblauchzehe
- 3 EL Olivenöl
- frisch gemahlener schwarzer Pfeffer
- 2 EL Weißweinessig (alternativ Sherry-Essig)
- 1 rote Zwiebel
- 100 g Kirsch- oder Strauchtomaten
- 1 große Handvoll Basilikumblätter
- 1 große Handvoll glatte Petersilienblätter
- Zitronenspalten zum Servieren

ZUBEREITUNG

Zunächst den Tintenfisch reinigen. Dafür zwischen Kopf und Tentakeln direkt unter den Augen einschneiden. Ein Stück von der Unterseite des Kopfes einschließlich der Augen wegschneiden und entsorgen. Das Messer in den Kopf einführen und ein Stück aufschneiden, um ihn zu öffnen. Zuerst den Kopfinhalt herausziehen, dann die äußere Haut abziehen. Den Schnabel in der Mitte der Tentakel herausdrücken und wegwerfen. Kopf und Tentakel abspülen.

Tintenfisch in Salzwasser zum Kochen bringen. Mit Deckel 35 Minuten köcheln lassen. Den Herd ausstellen und den Tintenfisch im Wasser weitere 40 Minuten mit geöffnetem Deckel ziehen lassen.

Tintenfisch aus dem Wasser nehmen und in etwa 3 cm große Stücke schneiden. Knoblauch schälen und in dünne Scheiben schneiden. 1 EL Öl erhitzen und den Knoblauch darin bei schwacher Hitze 1 Minute anschwitzen. Tintenfischstücke und etwas Pfeffer hinzufügen und auf mittlere Hitze erhöhen. Essig einrühren, abschmecken, ggf. einen Spritzer mehr Essig zugeben (gekühlt ist das Aroma feiner). Vom Herd nehmen und mit 1 EL Öl vermengen.

Den Tintenfisch in eine Schüssel geben und abkühlen lassen. Dann in den Kühlschrank stellen. Die Zwiebel schälen und in dünne Scheiben schneiden. Tomaten waschen und halbieren. Basilikum und Petersilie waschen und trocken schütteln, Petersilie grob hacken.

Den kalten Tintenfisch mit Zwiebeln, Tomaten und Kräutern vermengen und abschmecken. Mit restlichem Öl beträufeln. Mit Zitronenspalten und kleinen Gabeln oder Zahnstochern servieren. Dazu passt knuspriges Brot, ja, das Ganze kann selbst in einer Kühlbox mit zum Strand genommen werden.

ALJOTTA
KNOBLAUCH-FISCH-SUPPE

FÜR 4 PORTIONEN

ZUBEREITUNGSZEIT: 25 MINUTEN KOCHZEIT: 45 MINUTEN

Diese traditionelle Brühe hat eine delikate Konsistenz, aber sie hat es in sich, denn sie beinhaltet einige der beliebtesten Aromen Maltas: Fisch, Tomaten und Knoblauch (und auch ein wenig Reis). Der Name *aljotta* kommt von *aglio*, dem italienischen Wort für Knoblauch, also keine Angst, reichlich Knoblauch gehört dazu. In der Brühe sollte kein echter Fisch serviert werden — er ist nur für die Würze drin. Ich habe Fischer am Ufer getroffen, die einen Eimer mit kleinen Fischen als Tagesfang präsentierten und sagten: »Ist schon gut, ich kann *aljotta* machen!« Es kann jeder frische Fisch verwendet werden, vor allem »billiger«, und Fischköpfe. Da die Suppe abgeseiht wird, muss man den Fisch nicht einmal schuppen. Reichlich frische Minze und Majoran oder Petersilie sind unerlässlich.

ZUTATEN

- 500 g reife Tomaten
- 1 große Zwiebel
- 6 Knoblauchzehen
- 3 EL Olivenöl
- 2 EL Tomatenmark
- 6 kleine Fische (ca. 600 g, gesäubert; Sardinen sind perfekt oder Sie nehmen Köpfe, Schwänze und Teile vom größeren Fisch)
- 3 EL gehackte Minze
- 3 EL gehackter Majoran (alternativ glatte Petersilie)
- Salz, frisch gemahlener schwarzer Pfeffer
- 75 g Rundkornreis
- Saft von ½ Zitrone, plus Zitronenspalten zum Servieren

ZUBEREITUNG

Die Tomaten waschen, an der Unterseite einritzen und das Fruchtfleisch mit einer Gemüsereibe reiben. Zwiebel und Knoblauch schälen, Zwiebel hacken und Knoblauch in feine Scheiben schneiden. Olivenöl erhitzen und die Zwiebeln darin glasig braten, dann Knoblauch zufügen und goldgelb braten. Tomaten, Tomatenmark, Fisch und die Hälfte der Kräuter zugeben, 1 Minute rühren, dann 1 l Wasser und etwas Salz und Pfeffer hinzufügen. Mit Deckel für 30 Minuten köcheln lassen.

Die Suppe durch eine Gemüsemühle passieren (nur die Fischhäute und Knochen sollten übrig bleiben) oder durch ein Sieb abseihen und in einen sauberen Topf geben.

Wieder aufkochen. Reis gut einrühren und köcheln lassen, bis der Reis gar ist. Topf vom Herd nehmen und restliche Kräuter und Zitronensaft einrühren. Mit Zitronenstücken und reichlich knusprigem Brot servieren.

TONN FIL-MELĦ, FAŻOLA ROMANO, LUMI IPPRESERVAT
GEPÖKELTER THUNFISCH & ROMANO-BOHNEN

FÜR 4 PORTIONEN

ZUBEREITUNGSZEIT: 20 MINUTEN + 3 TAGE PÖKELN KOCHZEIT: 10 MINUTEN

Dies ist eine tolle Möglichkeit, um den Geschmack von Thunfisch zu verbessern und gleichzeitig seine Haltbarkeit zu verlängern. So konserviert, ähnelt er Gravlax (Graved Lachs), aber der Thunfisch hat eine dichtere Textur, und die Pökelmischung enthält weniger Zucker, was ihn schmackhafter macht. Der Thunfisch wird oft in einer gozitanischen Pie mit Kürbis, Reis und grünen Oliven verwendet, kann aber auch mit Nudeln, frischen Tomaten, Zwiebeln und Knoblauch serviert werden. Die eingelegte Zitrone wiegt den Umami des Thunfisches auf und bringt die Bohnen hervorragend zur Geltung.

ZUTATEN

FÜR DEN GEPÖKELTEN THUNFISCH
- **200 g Salz**
- **40 g Zucker**
- **2 Thunfischsteaks (ca. 300 g)**
- **ca. 200 ml Olivenöl**

FÜR DIE BOHNEN
- **2 Schalotten**
- **1 EL Olivenöl**
- **500 g Romano-Bohnen oder grüne Bohnen**
- **¼ eingelegte Zitrone** (Fruchtfleisch weggeschnitten, in dünnen Scheiben)
- **1 EL Chiliflocken** (nach Belieben)

ZUBEREITUNG

Den Thunfisch mindestens 3 Tage vorher zubereiten. Jeweils ein Drittel vom Salz und Zucker auf den Boden eines weiten Glases geben. Das erste Thunfischsteak hineinlegen, ein weiteres Drittel Salz und Zucker daraufgeben. Diese Schichten wiederholen, dann den Fisch vorsichtig runterdrücken. Den Deckel aufs Glas schrauben und 2 Tage in den Kühlschrank stellen.

Den Fisch abspülen und trocken tupfen. In 1 cm große Würfel schneiden und in ein sauberes Glas legen. Mit dem Öl bedecken und mindestens 1 weiteren Tag stehen lassen.

2 gehäufte EL Thunfisch aus dem Glas nehmen und fein würfeln (der restliche Fisch kann im Kühlschrank für eine weitere Mahlzeit aufbewahrt werden).

Schalotten schälen und fein hacken. Öl erhitzen und die Schalotten bei mittlerer Hitze darin glasig braten. In der Zwischenzeit die Bohnen waschen, putzen und in kochendem Salzwasser in einigen Minuten leuchtend grün blanchieren. Abgießen und zu den Schalotten geben. Thunfischwürfel, eingelegte Zitrone und nach Belieben Chiliflocken einrühren und gut mischen. Abschmecken und servieren.

PULPETTI TAT-TONN
THUNFISCHFRIKADELLEN

FÜR 10 FRIKADELLEN

ZUBEREITUNGSZEIT: 20 MINUTEN KOCHZEIT: 30 MINUTEN

Fischfrikadellen-Rezepte sind immer praktisch und lassen sich mit Zutaten aus der Speisekammer zubereiten. In Malta macht man ähnliche Bratlinge auch aus Corned Beef. Ich serviere sie gern mit viel Zitrone und einem Eisbergsalat. Sie schmecken auch kalt und als Beilage zu einer *platt Malti*.

ZUTATEN

Salz
600 g Kartoffeln
2 Eier (Größe M)
2 Dosen Thunfisch in Öl (ca. 370 g Abtropfgewicht)
1 EL gehackte Minze
1 EL gehackte glatte Petersilie
2 EL gehackte Frühlingszwiebeln
frisch gemahlener schwarzer Pfeffer
80 ml Milch
75 g Mehl (Type 550)
100 g Semmelbrösel
neutrales Öl zum Braten (Sonnenblumen- oder Rapsöl)
Zitronenspalten zum Servieren

ZUBEREITUNG

Einen großen Topf Salzwasser zum Kochen bringen. Kartoffeln schälen, waschen und ggf. halbieren. Im Salzwasser ca. 15 Minuten weich garen. Abgießen, in eine große Schüssel geben und abkühlen lassen. Die Kartoffeln dann mit einer Gemüsereibe in eine andere Schüssel reiben.

1 Ei verquirlen und zusammen mit dem Thunfisch, Kräutern, Salz und Pfeffer zu den Kartoffeln geben. Gut vermengen. Restliches Ei mit der Milch in einer Schüssel verschlagen. Mehl und Semmelbrösel jeweils auf einen Teller geben. Aus der Kartoffel-Thunfisch-Masse 10 Bällchen formen und etwas flach drücken. Dann zuerst im Mehl wälzen, anschließend durchs Ei ziehen und zum Schluss in den Semmelbröseln wenden.

Reichlich Öl in eine Pfanne geben und erhitzen. Dann die Frikadellen von jeder Seite goldgelb braten. Auf Küchenpapier abtropfen lassen und mit Zitronenspalten servieren.

SCHWERTFISCH-CARPACCIO

FÜR 4 PORTIONEN

ZUBEREITUNGSZEIT: 25 MINUTEN KOCHZEIT: 5 MINUTEN

Schwertfisch wird auf Malta oft im Ofen mit einem Schuss Wein und Knoblauch zubereitet, aber ich persönlich finde, dass dies einem so schönen Fisch nicht gerecht wird, da das Ergebnis oft etwas trocken ist. Ich serviere ihn lieber roh in diesem Carpaccio, garniert mit gebratenen Kapern und rosa Grapefruitscheiben. Wenn Sie rohen Fisch nicht mögen, können Sie ihn auch grillen (siehe unten).

ZUTATEN

350—400 g dickes Schwertfischfilet
3 EL Kapern
4 EL Olivenöl
1 große rosa Bio-Grapefruit
Salz, frisch gemahlener weißer Pfeffer
1 EL gehackte glatte Petersilie

GEGRILLTER SCHWERTFISCH MIT ROSA GRAPEFRUIT

2 Schwertfischsteaks ein paar Minuten (je nach Dicke) auf einer Seite grillen. Auf einen Teller legen und den Salat vorbereiten. Der Fisch sollte gerade so durch sein und sich leicht auseinanderzupfen lassen. Wenn Sie mehr Schwertfischsteaks zubereiten möchten, erhöhen Sie einfach die Menge der Grapefruit und die der anderen Zutaten.

ZUBEREITUNG

Den Fisch einfrieren, so lässt er sich später leichter schneiden und zudem werden etwaige Bakterien abgetötet. Ich rate dazu, auch wenn es nicht unbedingt nötig ist.

Die Kapern abspülen und trocken tupfen. 2 EL Öl bei mittelhoher Hitze erhitzen, die Kapern darin knusprig braten und leicht bräunen. Auf Küchenpapier gut abtropfen lassen.

Grapefruit heiß abwaschen, abtrocknen und von der Hälfte die Schale abreiben. In eine Schüssel geben. Mit einem kleinen, scharfen Messer die Grapefruit schälen, die weiße Haut entfernen. Sie sehen nun weiße vertikale Linien. Machen Sie einen Einschnitt auf beiden Seiten dieser Linien und schneiden Sie in Richtung des Kerns, um die Segmente herauszulösen. Jedes Segment dritteln, sodass kleine Keile entstehen.

Grapefruit in eine kleine Schüssel geben. Den Saft zu den Zesten in die Schüssel geben, zusammen mit 1 EL Olivenöl.

Mit einem scharfen, langen Messer den Schwertfisch aufschneiden, dafür die Filets auf die Seite legen und so dünn wie möglich schneiden. Den Fisch zum Dressing in die Schüssel geben. Wer rohen Fisch mag, kann den Fisch mit dem Dressing mischen und sofort servieren. Alternativ den Fisch 30 Minuten marinieren, so wird daraus eher ein Ceviche.

Schwertfischscheiben auf 4 Tellern anrichten. Mit Salz und Pfeffer würzen, die Grapefruitstücke darauflegen, gefolgt von den gebratenen Kapern und der Petersilie. Mit noch etwas Öl beträufeln und mit knusprigem Brot servieren.

TORTA TAL-ISPINAĊI U T-TONN
SPINAT-THUNFISCH-PIE

FÜR 6 PORTIONEN

ZUBEREITUNGSZEIT: 45 MINUTEN + 45 MINUTEN KÜHLZEIT KOCHZEIT: 50 MINUTEN

Die Malteser*innen haben sich dem Thunfisch nicht so sehr verschrieben wie die Japaner*innen, Peruaner*innen oder sogar die Italiener*innen. In Malta schätzt man rohen Thunfisch nicht, doch Thunfisch aus der Dose findet seinen Weg in Salate, Fischfrikadellen (Seite 119) und Pies wie dieser. Ich finde es toll, dass diese rustikale, gesunde Pie auch kalt schmeckt. Versuchen Sie, eine hochwertige, nachhaltige Thunfischkonserve in Öl zu verwenden.

ZUTATEN

FÜR DEN MÜRBETEIG
- 300 g Mehl (Type 550), plus etwas mehr zum Arbeiten
- ½ TL getrocknete Minze
- Salz
- 140 g kalte Butter, plus etwas mehr zum Fetten
- 50—60 ml Eiswasser

FÜR DIE FÜLLUNG
- 1 große Zwiebel
- 1 Knoblauchzehe
- 400 g Blattspinat
- 1 EL Olivenöl
- Salz, frisch gemahlener schwarzer Pfeffer
- 3 Eier (Größe M)
- 2 Dosen Thunfisch (ca. 260 g Abtropfgewicht)
- 3 EL Oliven (ohne Stein)
- 2 EL gehackte Minze
- 80 g frische Erbsen (alternativ TK-Erbsen)
- Sesam (zum Bestreuen)

ZUBEREITUNG

Mehl, Minze und ½ TL Salz in einer großen Schüssel mischen. Die gewürfelte Butter mit den Fingern einarbeiten, bis der Teig an Semmelbrösel oder groben Sand erinnert. Nach und nach das eiskalte Wasser mit den Händen unterarbeiten, bis sich ein Teig formt (kneten Sie ihn nicht zu lange). In Frischhaltefolie wickeln und mindestens 45 Minuten kaltstellen.

Für die Füllung Zwiebel und Knoblauch schälen und fein hacken. Spinat putzen und waschen, die Stiele klein hacken, die Blätter etwas größer. Öl erhitzen und Zwiebeln und Knoblauch bei mittlerer Hitze glasig braten (ca. 5 Minuten). Spinat und etwas Salz und Pfeffer einrühren und braten, bis der Spinat in sich zusammenfällt und leuchtend grün ist. Die Mischung zum Abtropfen und Abkühlen in ein Sieb geben. Dann das restliche Wasser aus dem Spinat drücken.

2 Eier in einer Schüssel verschlagen. Thunfisch abtropfen lassen. Mit Oliven, Minze und Erbsen zur Spinatmasse geben. Den Backofen auf 180 °C (Umluft) vorheizen. Eine Springform mit Butter fetten.

Den Teig halbieren, eine Hälfte sollte etwas größer sein als die andere. Das größere Stück auf einer leicht bemehlten Arbeitsfläche 5 mm dick ausrollen und die Springform damit auslegen. Die Füllung darauf verteilen. Zweites Teigstück ausrollen und auf die Füllung legen. Überschüssigen Teig abschneiden, einen kleinen Rand lassen. Den Rand falten und mit dem Daumen rundherum dekorative Markierungen machen. Mit einer Gabel die Teigdecke mehrmals einstechen. 1 Ei leicht verquirlen, die Pie damit bestreichen und mit reichlich Sesam bestreuen. 35 Minuten im Backofen (Mitte) backen, dann mit einem Messer rundherum am Rand entlangfahren, um die Pie vom Springformrand zu lösen. In weiteren 10 Minuten goldgelb backen.

Postkarte #03

Parke, wo du kannst oder willst.
Beobachte alte Männer in noch älteren Booten, die unter den Klippen hindurchfahren.
Nordländer bräunen sich und verbrennen in Gezeiten-Pools und seichten Bädern, und doch ist die Einsamkeit nur wenige Minuten entfernt.
Kletter über die Felsen zu einer anderen Bucht, in der das Wasser klarer ist.
Endloses Schwimmen; der Appetit wächst.
Im Restaurant speist du zusammen mit geselligen Einheimischen.
Gegrillter Fisch, Zitrone, Espresso — ich nehme morgen das Gleiche, danke!
Ein Abendspaziergang entlang der Klippen; die leichte Brise ist weg, die Sonne taucht schnell unter.
Ein schönes Leuchten, der Duft von Wildblumen, die Stille an der Kalksteinküste.

KLAMARI MIMLIJA
GEFÜLLTER KALMAR

FÜR 4 PORTIONEN

ZUBEREITUNGSZEIT: 30 MINUTEN KOCHZEIT: 55 MINUTEN

Gefüllte Kalmare sind eine gute Möglichkeit, altes ħobż (Brot) zu verwerten. Wenn man sich die Zutatenliste ansieht, ist dieses Gericht eine schöne Verbindung aus typisch maltesischen Produkten. Während die Füllung sanft in der Tomatensauce köchelt, nimmt sie den Geschmack des Meeres auf und vereinigt ihn mit den anderen Zutaten der Füllung. Mischen Sie die Füllung nach Belieben aus Sardellen, Oliven und Kapern, wobei die Basis aus Brot und Eiern zum Binden dient.

ZUTATEN

FÜR DIE SAUCE
- 2 große reife Tomaten
- 1 kleine Zwiebel
- 2 Knoblauchzehen
- 1 EL Olivenöl
- 200 ml Weißwein
- Salz, frisch gemahlener schwarzer Pfeffer

FÜR DEN GEFÜLLTEN KALMAR
- 2 große Kalmare (à 550 g)
- 3 Eier (Größe M)
- 60 g Kalamata-Oliven (ohne Stein)
- 1 EL Kapern
- 2 Sardellenfilets
- 1 Tasse zerkleinertes Brot ohne Kruste
- 2 EL gehackte glatte Petersilie
- 100 ml Milch (falls nötig)

ZUBEREITUNG

Für die Sauce die Tomaten waschen, an der Unterseite einritzen und das Fruchtfleisch mit einer Gemüsereibe reiben. Zwiebel und Knoblauch schälen, Zwiebel fein würfeln, Knoblauch fein hacken. Öl in einem großen Topf erhitzen und bei mittlerer Hitze Zwiebel und Knoblauch in 5 Minuten weich braten. Wein zugießen und 3 Minuten reduzieren, dann die Tomaten und etwas Salz und Pfeffer hinzugeben und den Herd ausstellen.

Die Kalmare säubern. Dafür die Tentakel vorsichtig vom Körper ziehen, die Innereien sollten dabei mit herauskommen. Unter den Augen einschneiden, um die Innereien von den Tentakeln zu entfernen. Dann den Schnabel in die Mitte der Tentakel herausdrücken. Den transparenten Federkiel aus dem Inneren ziehen, die Flügel abschneiden. Haut von Körper und Flügeln ziehen. Alles ausspülen, Tentakel und Flügel für die Füllung würfeln.

2 Eier 10 Minuten hart kochen, anschließend schälen und hacken. Das restliche Ei in eine Schüssel aufschlagen und verquirlen. Oliven hacken, Kapern abspülen und ebenfalls hacken. Sardellenfilets fein hacken. Alles zur Eimasse dazugeben. Gewürfelte Tentakel und Flügel sowie die restlichen Zutaten hinzugeben. Wenn das Brot nicht ausreichend mit Öl und Essig aus den Kapern befeuchtet wird, können einige TL Milch die Mischung weicher machen. Die Tuben füllen. Dabei darauf achten, dass nicht zu locker, aber auch nicht zu fest gestopft wird. Die Füllung dehnt sich noch aus und kann die Tuben während des Garens auseinanderbrechen.

Die Sauce wieder erhitzen und an den Rand schieben, sodass die Kalmare den Topfboden berühren, wenn sie hineingelegt werden. Die Tuben auf beiden Seiten anbräunen. Die Sauce zu den Tuben streichen, 100 ml Wasser hinzugeben. Mit einem Deckel bei sehr schwacher Hitze 40 Minuten köcheln, ggf. mehr Wasser zugeben, falls die Sauce zu trocken wird.

Die Kalmartuben schräg in Scheiben aufschneiden und mit Sauce, knusprigem Brot und einem Salat servieren.

TORTA TAL-LAMPUKI
LAMPUKI PIE

FÜR 6—8 PORTIONEN

ZUBEREITUNGSZEIT: 45 MINUTEN KOCHZEIT: 1 STUNDE 30 MINUTEN

Dies ist keine bescheidene Fisch-Pie, sondern uralte Vielfalt auf einem Teller und ein echter maltesischer Klassiker. Wenn wir Malta durch ein einziges Rezept definieren müssten, dann wäre es dieses. Britischer Teig umhüllt eine Zubereitung nach italienischer Art aus Tomaten, Gemüse, Oliven, Kapern und Maltas geliebtem *lampuki*-Fisch (Mahi Mahi), verfeinert mit den Aromen von Minze, Zitronenschale und Sultaninen für das exotische i-Tüpfelchen. Wenn *lampuki* Saison hat, machen manche Köche mehrere Pies zum Einfrieren für später.

ZUTATEN

FÜR DEN MÜRBETEIG
siehe Seite 124

FÜR DIE FÜLLUNG
- 1 kg Mahi Mahi (oder anderes festes Fischfleisch wie z.B. Marlin)
- Mehl zum Wälzen
- Salz, frisch gemahlener schwarzer Pfeffer
- Olivenöl zum Braten
- 1 kleiner Blumenkohl (ca. 600 g)
- 600 g Blattspinat
- 2 große reife Tomaten (ca. 300 g)
- 1 große Zwiebel
- 2 EL Kapern
- 1 EL Sultaninen
- 12 schwarze Oliven (ohne Stein)
- 100 g junge Erbsen
- 2 EL Tomatenmark
- 3 EL gehackte glatte Petersilie
- 1 TL getrocknete Minze
- Schale von ½ Bio-Zitrone
- ½ TL gemahlener Piment
- Butter zum Fetten

ZUBEREITUNG

Den Teig, wie auf Seite 124 beschrieben, zubereiten.

Fisch durch die Gräten in Scheiben schneiden, Schwanz wegwerfen. Mehl auf einem Teller mit Salz und Pfeffer mischen. Fischstücke im Mehl wälzen und in einer Pfanne mit reichlich Öl von jeder Seite braten, bis sie gar sind. Auf Küchenpapier abtropfen und abkühlen lassen. Anschließend vorsichtig Häute und Gräten entfernen und den Fisch in mundgerechte Stücke schneiden. Beiseitestellen.

Blumenkohl in Röschen teilen, waschen und putzen. In Salzwasser ca. 12 Minuten weich garen, abgießen und mit kaltem Wasser abschrecken. Spinat waschen, putzen und mit einem Küchentuch die restliche Feuchtigkeit rausdrücken. Stielenden klein, Blätter grob hacken. Etwas Öl erhitzen und Spinat darin braten, bis er in sich zusammenfällt. Zum Abtropfen in ein Sieb geben. Tomaten unten einritzen und Fruchtfleisch mit einer Gemüsereibe reiben. Zwiebel schälen und würfeln. Etwas Öl erhitzen und Zwiebeln darin glasig braten, Tomaten hinzugeben und 1 Minute mitbraten. In einer Schüssel Blumenkohl, Tomaten, Zwiebeln und Spinat vermengen. Kapern abspülen, Sultaninen und Oliven hacken. Alle Zutaten (außer Fisch) zum Blumenkohl geben, mit Salz und Pfeffer würzen.

Backofen auf 180 °C (Umluft) vorheizen. Eine große Springform fetten. Teig halbieren, eine Hälfte sollte ein Drittel kleiner sein. Das größere Stück auf einer leicht bemehlten Arbeitsfläche 5 mm dick ausrollen und in die Form legen. Hälfte der Gemüsemischung darauf verteilen, dann die Fischstücke und das restliche Gemüse. Zweites Teigstück ausrollen und auf die Pie legen. Überschüssigen Teig abschneiden, einen kleinen Rand lassen. Diesen falten und mit dem Daumen dekorative Markierungen machen. Teigdeckel mehrfach mit einer Gabel einstechen. Im Backofen (Mitte) ca. 45 Minuten backen, dann mit einem Messer die Pie vom Rand lösen. Weitere 15 Minuten backen. 10 Minuten abkühlen lassen, dann servieren.

PULPETTI TAL-MAKKU
JUNGFISCH-FRITTER

FÜR 4 PORTIONEN
ALS BEILAGE

ZUBEREITUNGSZEIT: 10 MINUTEN KOCHZEIT: 10 MINUTEN

In den flachen Buchten rund um Malta werden kleine Fischschwärme mit handgehaltenen Wadennetzen gefangen. Schwimmer halten die Netze an der Oberfläche, sodass der Meeresboden nicht beschädigt wird wie bei Schleppnetzen. Es ist eine bevorzugte Fangtechnik, von der ich hoffe, dass Malta sie beibehält. Diese Fritter enthalten traditionell Zwiebeln und Knoblauch, aber ich mag den Fisch allein mit einem frischen Spritzer Zitrone und Kräutern (Sie können sie aber hinzufügen, wenn Sie möchten). Sie können die Fritter zu Hause in der Pfanne braten, aber an einem heißen Tag auch auf einem flachen Grill am Strand oder am Pool. Servieren Sie sie mit einem grünen Salat oder Bohnensalat (Seite 39). Das Rezept ergibt vier Fritter, aber Sie können sie auch kleiner machen, wenn Sie sie als Vorspeise servieren möchten.

ZUTATEN

- 250 g Jungfische
- 2 EL Speisestärke (alternativ Mehl Type 550)
- 1 Ei (Größe M)
- 2 Eiweiß (Größe M)
- Schale von ½ Bio-Zitrone
- 1 EL fein gehackte Minze (alternativ glatte Petersilie)
- Salz, frisch gemahlener schwarzer Pfeffer
- 80 ml Sonnenblumenöl (alternativ Erdnuss- oder Rapsöl)
- Zitronenspalten zum Servieren

ZUBEREITUNG

Jungfische und Speisestärke oder Mehl in einer Schüssel vermengen, bis der Fisch gleichmäßig überzogen ist.

Das Ei trennen. Das Eigelb in einer kleinen Schale verrühren. Die 3 Eiweiße steif schlagen, bis sich feste Spitzen bilden.

Eigelb unter den Fisch ziehen, dann Eiweiß, geriebene Zitronenschale, Minze, ½ TL Salz und Pfeffer unterrühren.

Die Hälfte des Öls bei mittlerer Hitze in einer Pfanne erhitzen. Mit einem großen Löffel ein Viertel von der Masse auf eine Seite der Pfanne geben. Einen weiteren Löffel voll auf die andere Seite legen. Fritter von jeder Seite einige Minuten braten, bis sie goldgelb sind. Auf Küchenpapier abtropfen lassen, dabei die restlichen 2 Fritter im restlichen Öl braten. Mit Zitronenspalten servieren.

LAMPUKI MIT TOMATEN-KAPERN-SAUCE

FÜR 4 PORTIONEN

ZUBEREITUNGSZEIT: 15 MINUTEN KOCHZEIT: 15 MINUTEN

Lampuki ist der maltesische Name für einen Fisch, der auch als Mahi Mahi, Dorade oder Goldmakrele bekannt ist. Zwischen August und Dezember ziehen riesige Schwärme im Mittelmeer nach Norden. Die maltesischen Fischer stellen Flöße mit Palmblättern auf, um die Fische, die sich gerne darunter vor der Sonne verstecken, anzulocken. Diese Praxis ist stets von Auseinandersetzungen begleitet — die Familien sind dafür bekannt, dass sie um die Fischereirechte wahre Territorialkriege ausfechten. Auch Wilderer aus Tunesien stellen eine Bedrohung dar.

Die berühmte Fisch-Pie (Seite 131) wird zubereitet, wenn *lampuki* in Hülle und Fülle vorhanden ist. Dies ist ein weiteres traditionelles Gericht aus gebratenem *lampuki* mit einer raffinierten süß-sauren Tomaten-Kapern-Sauce. Servieren Sie dazu grüne Bohnen oder anderes Grünzeug, knuspriges Brot und Weißwein.

ZUTATEN

FÜR DIE SAUCE

- 3 große reife Tomaten
- 3 Knoblauchzehen
- 1 EL Olivenöl
- 50 g Kapern
- 1 TL Zucker
- 1 EL gehackte glatte Petersilie
- 1 EL gehackte Minze
- 60 g schwarze Oliven (z. B. Kalamata oder Niçoise; ohne Stein)
- 2 TL Weißweinessig
- frisch gemahlener schwarzer Pfeffer

FÜR DEN FISCH

- 4 Mahi Mahi-Filets (à 150 g; alternativ von einem anderen Fisch mit festem Fleisch, z. B. Marlin)
- Salz, frisch gemahlener schwarzer Pfeffer
- 75 g Mehl (Type 550)
- 1 EL Olivenöl
- 1 EL Butter
- Zitronenspalten zum Servieren

ZUBEREITUNG

Die Tomaten waschen, an der Unterseite einritzen und das Fruchtfleisch mit der Gemüsereibe reiben. Knoblauch schälen und fein hacken. Das Öl bei mittlerer Hitze in einem Topf erhitzen und den Knoblauch darin leicht anbräunen. Kapern abspülen, trocken tupfen und hinzufügen, 1 Minute mitbraten. Tomaten und Zucker einrühren. Gut umrühren, den Deckel auflegen und die Sauce zum Köcheln bringen. Deckel abnehmen, die Hitze reduzieren und 8 Minuten sanft köcheln lassen. Ggf. einen Schuss Wasser zugeben, falls erforderlich. Die Sauce sollte eine dicke und feuchte Konsistenz haben. Zum Schluss Kräuter, Oliven, Essig und etwas Pfeffer zugeben und noch einmal gut umrühren. Die Sauce kurz vor dem Servieren wieder erhitzen.

Fischfilets mit Salz und Pfeffer würzen, dann leicht im Mehl wälzen. Öl und Butter bei mittlerer Hitze in einer Pfanne erhitzen, Fisch hineinlegen und 3–4 Minuten braten. Wenden und weiterbraten, bis die Mitte der Filets nicht mehr durchsichtig ist. (Prüfen Sie dies, indem Sie mit einem scharfen Messer in ein Fischfilet stechen; die genaue Garzeit hängt von der Dicke des Filets ab.)

Sofort mit heißer Sauce und Zitronenspalten servieren.

GANDOFFLI, ŻAGĦFRAN, BUŻBIEŻ
VENUSMUSCHELN MIT SAFRAN UND FENCHEL

FÜR 4 PORTIONEN

ZUBEREITUNGSZEIT: 10 MINUTEN KOCHZEIT: 15 MINUTEN

Auf Malta wächst ein Verwandter des Safrans, der Duft-Herbst-Krokus *(Crocus longiflorus)*. Er ist nicht annähernd so berühmt wie *Crocus sativus,* aber dennoch: Er duftet und ist farbenfroh. Die Familien, die wissen, wo er wächst, werden aber kaum Informationen preisgeben!
Wilder Fenchel ist etwas leichter zu finden. In diesem Gericht vermischen sich Fenchelsamen, Safran, Wein und Venusmuscheln zu einer der göttlichsten Brühen, in die ħobż (knuspriges Weißbrot) je eintauchen durfte.

ZUTATEN

- ½ Fenchelknolle (ca. 200 g)
- 2 kleine Schalotten
- 1 TL Fenchelsamen
- 50 g Butter
- Safranfäden
- 150 ml trockener Weißwein
- 1 kg mittelgroße Venusmuscheln (vongole)
- 2 EL fein gehackte glatte Petersilie

ZUBEREITUNG

Die Fenchelknolle waschen, putzen und fein würfeln. Die Schalotten schälen und ebenfalls fein würfeln. Die Fenchelsamen bei mittlerer Hitze rösten, bis sie anfangen zu duften. Anschließend Butter, Fenchel und Schalotten hinzugeben und 5—8 Minuten braten, bis die Schalotten glasig sind. In der Zwischenzeit 1 gute Prise Safran mit dem Wein in einem Glas verrühren.

Die Hitze auf hohe Stufe erhöhen und die Muscheln in den Topf geben. Mit Fenchel und Schalotten verrühren, dann Wein mit Safran zugießen. Den Deckel auflegen und 3—5 Minuten kochen. Sobald die Muscheln sich geöffnet haben, den Deckel abnehmen, Petersilie einrühren und die Hitze reduzieren. 1 Minute köcheln lassen. Mit Brot und Salat servieren.

FLEISCH

In den schwülen mediterranen Sommern würde man nicht erwarten, dass einige der beliebtesten Gerichte Maltas deftige Winterspeisen sind.

Gerichte wie Rindfleisch-Oliven (Seite 156), unzählige andere Eintöpfe, Pies und Nudelaufläufe werden auf Malta gern verzehrt. Ich vermute, es liegt an den kurzen Wintern und an der Tatsache, dass einige dieser Gerichte zu besonderen Anlässen serviert werden, dass sie einen festen Platz in den Herzen der Malteser*innen haben.

Üppige grüne Weiden sind auf den Kalksteininseln ein Problem, daher ist der Rindfleischverbrauch eher gering. Schweine werden häufiger gehalten. Die kultige maltesische Schweinewurst wird traditionell in ihrer rohen, gepökelten Form verzehrt; einst schwamm sie in Salz, damit sie mit den Hirten mitreisen konnte. Heute bevorzugen viele Menschen sie gekocht (und weniger salzig). Was den Fleischkonsum auf Malta betrifft, fällt auf, dass wenig Huhn verzehrt wird. Abgesehen von den Speisekarten der Restaurants, die sich an Tourist*innen richten, wird es nur selten in traditionellen Rezepten verwendet, und bis vor Kurzem war es auch in der häuslichen Küche selten.

Kaninchen hingegen werden gezüchtet, um Maltas eindeutige Vorliebe für dieses Fleisch zu befriedigen — geschmortes Kaninchen ist schließlich das Nationalgericht Maltas. In einigen Restaurants steht auch Pferdefleisch noch auf der Karte, es wird aber immer seltener — die Franzosen haben es gern gegessen, Briten jedoch mochten es gar nicht. Normalerweise wird es langsam in einem Eintopf gegart, um es zart zu machen. Auch Wachteln sind ein weiteres gängiges Wildfleisch, das mittlerweile für den Verzehr gezüchtet wird. Außerdem schätzen die Malteser *innen Schnecken.

BEBBUX MIMLI

SCHNECKEN IN KRÄUTER-TOMATEN-BRÜHE

FÜR 4 PORTIONEN ALS VORSPEISE

ZUBEREITUNGSZEIT: 15 MINUTEN + 10 TAGE REINIGUNG KOCHZEIT: 20 MINUTEN

Wie ihre nordafrikanischen Nachbarn essen auch die Malteser*innen gern Schnecken. Sie sind fettarm und eiweißreich, und ihr erdiger Geschmack harmoniert gut mit anderen Aromen. Ihre Konsistenz ist überraschend angenehm. Zubereitet werden sie im Herbst nach den ersten Regenfällen, wenn die typischen Gartenschnecken zwischen den Steinen und im Gras auftauchen. Dann findet man sie in Lebensmittelgeschäften, traditionellen Restaurants und Bars. Einige Rezepte sehen vor, dass die Schnecken in Bier oder verdünntem Meerwasser gekocht und anschließend in einer Tomatensauce serviert werden. Ich koche sie gern in Weißwein mit einem Hauch von Tomaten und frischen Kräutern. Es ist wichtig, den Reinigungs- und Entgiftungsprozess einzuhalten, um alle Giftstoffe zu entfernen, die die Schnecken möglicherweise aufgenommen haben. Dies dauert zehn Tage, daher sind Schnecken also kein schnelles Essen (aber natürlich können Sie diesen Teil überspringen, wenn Sie frische oder gefrorene Zuchtschnecken kaufen können).

ZUTATEN

- 1 kg braune Gartenschnecken
- 2 Möhren
- 2 Schalotten
- 3 Knoblauchzehen
- 50 g Butter
- 2 Lorbeerblätter
- 1 EL Tomatenmark
- 200 ml Weißwein
- 1 TL gehackter Thymian
- Salz, frisch gemahlener schwarzer Pfeffer
- 2 EL gehackte glatte Petersilie

ZUBEREITUNG

Die Schnecken für 1 Woche in einen großen, belüfteten Behälter mit Deckel legen und nach draußen stellen. Den Behälter jeden Tag reinigen (dafür die Schnecken in einen anderen Behälter geben und den Schneckenbehälter gründlich ausspülen; schnell arbeiten, damit keine Schnecke flüchten kann).

Dann die Schnecken 2 Tage mit geriebenen Möhren füttern. Dadurch entgiften sie, Sie müssen den Behälter also unbedingt weiterhin täglich reinigen.

Am zehnten Tag (oder wenn Sie Zuchtschnecken verwenden) die Schnecken gut mit kaltem Wasser abspülen und anschließend 5 Minuten in Salzwasser kochen. Abgießen, noch einmal gut abspülen und für 10 Minuten in kaltem Wasser einweichen, um schleimige Substanzen zu entfernen.

Schalotten und Knoblauch schälen und fein hacken. Butter erhitzen und Schalotten, Knoblauch und Lorbeerblätter bei mittlerer Hitze in einem Topf braten, bis die Schalotten weich sind. Das Tomatenmark einrühren, dann Wein und Thymian hinzufügen. Zum Kochen bringen und die Flüssigkeit in 4 Minuten reduzieren. Mit Salz und Pfeffer würzen und die Schnecken untermengen. Weitere 4 Minuten kochen, dann den Topf vom Herd nehmen und die Petersilie einrühren. Das Fleisch mit Zahnstochern aus den Schnecken ziehen und mit knusprigem Brot servieren.

KAWLATA
GEMÜSESUPPE MIT SCHWEINEFLEISCH

FÜR 6 PORTIONEN

ZUBEREITUNGSZEIT: 25 MINUTEN KOCHZEIT: 1 STUNDE 15 MINUTEN + 1 STUNDE RUHEZEIT

Mit Schweinefleisch angereichert, ist diese halb Suppe, halb Eintopf ein echter Winterwärmer, den ich immer wieder gerne esse. Sie können auch anderes Gemüse wie Pfannenkürbis oder Zucchini verwenden. Traditionell würde man nichts Stärkehaltiges hinzufügen, aber ich finde, mit einer Handvoll Nudeln oder etwas Reis sättigt das Gericht einfach besser. Ich lasse die Suppe nach dem Kochen gern eine Stunde ziehen, damit sich die Aromen von Gemüse und Schweinefleisch miteinander verbinden können, bevor sie wieder aufgewärmt wird.

ZUTATEN

- 1 Zwiebel
- 2 Möhren
- 2 Stangen Staudensellerie
- 300 g Chayote (Stachelgurke)
- 300 g Weißkohl
- 300 g Winterkürbis
- 300 g Kartoffeln
- 1 TL Fenchelsamen
- 1 EL Olivenöl
- 600 g Schweinekotelett (alternativ Nacken oder Schulter)
- 1 geräucherte Schweinshaxe (ca. 400 g; alternativ 2 große italienische Schweinswürste)
- 2 EL Tomatenmark
- ca. 1,5 l Gemüsebrühe (alternativ Wasser)
- Salz, frisch gemahlener schwarzer Pfeffer
- 50 g Pasta (z. B. *kusksu*, Vermicelli oder Reis; nach Belieben)
- 60 g fein geriebener Parmesan oder Ricotta salata zum Servieren

ZUBEREITUNG

Zwiebel schälen und fein hacken. Möhren schälen und würfeln, Sellerie waschen und ebenfalls fein würfeln. Chayote schälen und in ca. 5 cm große Stücke schneiden. Weißkohl in 1 cm dicke Scheiben schneiden. Kürbis schälen, putzen und in 5 cm große Stücke schneiden. Kartoffeln ebenfalls schälen, waschen und in 3 cm große Stücke schneiden.

Fenchelsamen im Olivenöl bei schwacher Hitze in einem Topf braten. Schweinekotelett in dicke Stücke schneiden, hineinlegen und 3 Minuten von jeder Seite bräunen. Fleisch aus dem Topf nehmen und Zwiebeln, Möhren und Sellerie hinzufügen und etwa 5 Minuten darin braten. Schweinshaxe in den Topf geben und sanft bräunen. Das Fleisch wieder in den Topf legen, restliches Gemüse, Tomatenmark und genug Brühe hinzufügen. Aufkochen, dann mit Deckel 1 Stunde köcheln lassen.

Herd ausstellen und die Suppe 1 Stunde ziehen lassen. In dieser Zeit Schweinefleisch und Haxe herausnehmen und etwas abkühlen lassen. Die Haxe vom Knochen lösen und Haut entfernen. Das ganze Fleisch in 2 cm große Würfel schneiden und wieder in den Topf geben.

Die Suppe erhitzen und mit Salz und Pfeffer abschmecken. Werden Nudeln oder Reis verwendet, diese nach Packungsangabe garen. Suppe in Tellern anrichten und, mit Parmesan oder Ricotta getoppt, mit reichlich knusprigem Brot servieren.

ROSS IL-FORN
GEBACKENER REIS

FÜR 4–6 PORTIONEN

ZUBEREITUNGSZEIT: 20 MINUTEN KOCHZEIT: 1 STUNDE

Wie ein Nudelauflauf, nur mit Reis — das ultimative Wohlfühlessen. Es wird nicht nur zu Hause gekocht, sondern ist in ganz Malta in Bäckereien und Snackbars erhältlich und wird in kleinen Aluminiumschalen verkauft. Falls Sie aus irgendeinem seltsamen Grund einmal Reste davon haben, sollten Sie sie kalt essen, aufwärmen lässt sich das Gericht nämlich nicht gut.

Jede maltesische Familie hat ihr eigenes Rezept für *ross il-forn*. Manche fügen maltesische Wurst oder Corned Beef hinzu. Ich habe mein Rezept mediterran gehalten und es mit einem Hauch Oregano und Minze verfeinert. In einem alten Rezept, das ich gefunden habe, wird auch Safran verwendet, und wenn ich welchen habe, füge ich ihn hinzu. Servieren Sie dieses Gericht mit knusprigem Brot und grünem Salat.

ZUTATEN

- 3 große reife Tomaten (alternativ 400 g gehackte Tomaten aus der Dose)
- 3 EL Olivenöl
- 500 g gemischtes Hackfleisch
- 1 große Zwiebel
- 2 Knoblauchzehen
- 100 g Bacon (in Scheiben)
- 2 EL Tomatenmark
- 500 ml Hühnerbrühe
- ½ TL getrocknete Minze
- ½ TL getrockneter Oregano
- Safranfäden (nach Belieben)
- 350 g Langkornreis
- Salz
- Butter für die Form
- 2 Eier (Größe M)
- 100 ml Milch
- 50 g geriebener Parmesan
- 3 EL frische Semmelbrösel

ZUBEREITUNG

Tomaten waschen, an der Unterseite einritzen und das Fruchtfleisch mit einer Gemüsereibe reiben. 1 EL Öl in einem Topf erhitzen und das Hackfleisch darin bei mittlerer bis hoher Hitze braun anbraten, bis jegliche Flüssigkeit verdampft ist. In eine Schüssel geben.

Zwiebel und Knoblauch schälen und fein hacken. Bacon in feine Streifen schneiden und zusammen mit Zwiebeln und Knoblauch in den Topf geben. Bei schwacher bis mittlerer Hitze darin etwa 8 Minuten braten, bis die Zwiebel weich ist. Tomaten, Tomatenmark, Brühe, getrocknete Kräuter und nach Belieben 1 Prise Safran zufügen und 5 Minuten kochen. Das angebratene Hackfleisch wieder in den Topf geben, Deckel auflegen und das Ganze 10 Minuten köcheln. Herd ausstellen und abkühlen lassen.

Reis in Salzwasser nach Packungsangabe kochen, allerdings nur ¾ der angegebenen Garzeit. Abgießen und mit kaltem Wasser abkühlen.

Den Backofen auf 190 °C (Umluft) vorheizen und eine tiefe Auflaufform mit Butter fetten.

Reis mit dem Topfinhalt vermengen. Die Eier mit Milch in einer Schüssel verrühren, zwei Drittel des Parmesans unterrühren. Zur Reis-Hack-Masse geben und wieder gut vermengen. Die Auflaufform füllen. Mit restlichem Parmesan und Semmelbröseln bestreuen und mit Öl beträufeln. Im Backofen (oben) 20 Minuten backen bzw. so lange, bis sich eine Kruste gebildet hat. Der Reis sollte fertiggaren, und unter der Kruste sollte Restfeuchtigkeit sein. Deshalb Vorsicht: Nicht zu lange backen.

STUFFAT TAL-FENEK
GESCHMORTES KANINCHEN

FÜR 6 PORTIONEN

ZUBEREITUNGSZEIT: 30 MINUTEN + MARINIERZEIT ÜBER NACHT KOCHZEIT: 2 STUNDEN 10 MINUTEN

Dieses Gericht wird in Restaurants und bei den meisten feierlichen Anlässen zu Hause auf den Tisch gebracht. Das Kaninchen wurde von den Phöniziern eingeführt, die um 700 v. Chr. auf die Inseln von Malta kamen. Die Tiere wurden bald ein wichtiger Teil der lokalen Ernährung. Die Malteser*innen haben sogar ein Wort für ein Kaninchenfestessen — fenkata —, und jedes Jahr wird beim traditionellen Mnarja-Fest geschmortes Kaninchen serviert. Um ein möglichst zartes und schmackhaftes Ergebnis zu erzielen, muss das Kaninchen einen Tag vorher mariniert werden. Die Hauptaromen sind Lorbeer und Wein, daher ist es am besten, frische Lorbeerblätter und einen Qualitätswein zu verwenden. Ein Hauch von Süße passt gut zum Fleisch, und manche Familien geben zum Schmorbraten einen Spritzer von Maltas kultigem Erfrischungsgetränk *Kinnie*. Dieses Getränk liegt geschmacklich irgendwo zwischen Cola und *chinotto*, weshalb ich Letzteres als Ersatz verwende. Es ist üblich, die Sauce mit Nudeln als Vorspeise zu reichen oder am nächsten Tag als Resteessen.

ZUTATEN

- 5 Knoblauchzehen
- 1,5 kg Kaninchen (küchenfertig, mit Leber und Nieren)
- 600 ml Rotwein
- 8 frische Lorbeerblätter
- 1 Handvoll frische Kräuter der Provence (Thymian, Rosmarin, Oregano)
- Salz, frisch gemahlener schwarzer Pfeffer
- 3 große reife Tomaten (alternativ 400 g stückige Tomaten aus der Dose)
- 2 Zwiebeln
- 2 kleine Möhren
- 5 mittelgroße Kartoffeln
- 2 EL Olivenöl
- 100 ml *chinotto* (Bitterorangenlimonade)
- 150 g Erbsen

ZUBEREITUNG

Knoblauch schälen. Das Kaninchen in kleine Portionen teilen, die Leber halbieren. Alle Kaninchenteile über Nacht in einer Marinade aus Rotwein, Knoblauchzehen, der Hälfte der Lorbeerblätter sowie Kräutern der Provence und etwas Salz und Pfeffer ziehen lassen.

Am folgenden Tag die Tomaten waschen, unten am Boden einritzen und mit einer Gemüsereibe reiben. Alle Kaninchenteile, außer Leber und Nieren, aus der Marinade nehmen (Flüssigkeit aufbewahren) und mit Küchenpapier trocken tupfen.

Kräuter der Provence herausnehmen. Zwiebel und Möhren schälen, Zwiebel hacken und Möhren fein reiben. Kartoffeln schälen, waschen und vierteln. Das Öl in einem großen Topf mit dickem Boden erhitzen und das Kaninchen darin bei mittlerer bis hoher Hitze portionsweise bräunen. Dann alle Kaninchenteile wieder in den Topf geben, Tomaten, Zwiebeln, Möhren, Tomatenmark und restliche Lorbeerblätter hinzufügen Marinadenflüssigkeit angießen, Leber, Nieren und *chinotto* zugeben. Bei hoher Hitze aufkochen, dann mit Deckel bei schwacher Hitze etwa 2 Stunden köcheln lassen. Ab und zu umrühren und ggf. etwas Wasser zugeben. Die Kartoffeln 30 Minuten vor Garende zugeben.

Dann die Erbsen in den Topf geben und einige Minuten köcheln. Den Herd ausstellen und das Ganze 15 Minuten ruhen lassen. Sie können als Vorspeise die aufgeschnittenen Nieren und etwas Sauce zu Spaghetti reichen. Das Kaninchen und Gemüse mit einem Salat und knusprigem Brot servieren.

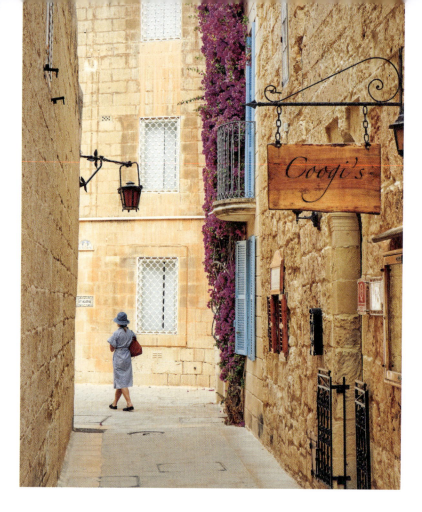

MAJJAL FIL-FORN

GESCHMORTES SCHWEINEFLEISCH MIT GEMÜSE

FÜR 4–6 PORTIONEN

ZUBEREITUNGSZEIT: 10 MINUTEN KOCHZEIT: 1 STUNDE 40 MINUTEN

Ein einfaches, köstliches Gericht, ähnlich wie die maltesischen Kartoffeln (Seite 185), aber mit Schweinefleisch und Zucchini. Es kann auch Rindfleisch verwendet werden — dann allerdings ohne Fenchel und mit Knoblauch. Diese Rezepte haben ihren Ursprung als Gerichte, die schonend in Steinguttöpfen, über Kohle oder am Feuer gegart wurden. Das Fleisch wird zart und das Gemüse sehr schmackhaft. Man kann die Kartoffeln in einer großen, ofenfesten Pfanne oder in einer tiefen Bratform zubereiten, die auf den Herd gestellt werden kann.

ZUTATEN

- 4 große Kartoffeln
- 400 g Zucchini (alternativ kleiner runder Speisekürbis)
- 2 Zwiebeln
- 4–6 Schweinekoteletts (ca. 800 g)
- Salz, frisch gemahlener schwarzer Pfeffer
- 500 ml Hühnerbrühe
- 1 EL Fenchelsamen
- Chiliflocken (nach Belieben)
- 2 EL Olivenöl

ZUBEREITUNG

Kartoffeln schälen, waschen und in 1 cm dicke Scheiben schneiden. Zucchini ebenfalls waschen, putzen und in 1,5 cm dicke Scheiben schneiden. Zwiebeln schälen und in dünne Scheiben schneiden.

Die Schweinekoteletts in eine große ofenfeste Pfanne oder eine Bratform legen. Mit Salz und Pfeffer würzen. Kartoffel- und Zucchinischeiben gleichmäßig darauf verteilen und die Zwiebeln daraufgeben. Nochmals würzen. Brühe zugießen, ggf. etwas Wasser zugeben, damit das Gemüse vollständig bedeckt ist. Fenchelsamen und nach Belieben Chiliflocken darüberstreuen, mit Öl beträufeln.

Einen Deckel oder Folie darauflegen und bei mittlerer Hitze zum Köcheln bringen. Hitze reduzieren und 1½ Stunden sanft köcheln. Die Flüssigkeit zwischendurch kontrollieren, ist es zu wenig, Wasser zugeben.

Deckel oder Folie abnehmen und die Pfanne unter den Backofengrill stellen, bis Zwiebeln und Gemüse knusprig sind. Mit Salat und Brot servieren.

BRAGIOLI
RINDFLEISCH-OLIVEN

FÜR 4–6 PORTIONEN

ZUBEREITUNGSZEIT: 30 MINUTEN KOCHZEIT: 1 STUNDE 15 MINUTEN

Dieses maltesische Grundnahrungsmittel enthält eigentlich gar keine Oliven. Das Wort »Olive« — eine Referenz an das in Scheiben geschnittene Fleisch, das eine Füllung umgibt — stammt vom altfranzösischen Wort »alou«, was Lerche bedeutet. Die Form der Fleischröllchen soll diesen Vögeln ohne ihren Kopf ähneln. Bei feierlichen Anlässen kommen in maltesischen Familien mit Sicherheit bragioli auf den Tisch. Jeder Haushalt kocht seine eigene Version, manche verwenden gekochte Eier für die Füllung, andere schmoren die Oliven in Tomaten-Ragù oder fügen Gewürze hinzu. Ich ehre die Grundlagen des Gerichts und verwende Brot vom Vortag, geräuchertes Schweinefleisch und Erbsen. Servieren Sie bragioli mit Salzkartoffeln oder Kartoffelpüree und einem Salat. Die Sauce wird traditionell zu Spaghetti als Vorspeise gegessen.

ZUTATEN

FÜR DIE RINDFLEISCH-OLIVEN

- 1 Zwiebel
- 2 Knoblauchzehen
- 250 g Schweinehackfleisch
- 250 g Rinderhackfleisch
- 100 g geräucherter Speck (in Würfeln; alternativ Bacon)
- 50 g frische Semmelbrösel (alternativ zerzupftes Brot ohne Kruste)
- 50 g geriebener Parmesan
- 2 EL gehackte glatte Petersilie
- Salz, frisch gemahlener schwarzer Pfeffer
- 8 große, dünne Rindersteaks
- 1 EL Olivenöl

FÜR DIE SAUCE

- 1 Zwiebel
- 2 Knoblauchzehen
- 1 Möhre
- 1 EL Olivenöl
- 2 EL Tomatenmark
- 250 ml leicht süßlicher Rotwein
- 250 ml Rinderbrühe
- 2 Lorbeerblätter
- Salz, frisch gemahlener schwarzer Pfeffer
- 150 g Erbsen

ZUBEREITUNG

Für die Füllung Zwiebel und Knoblauch schälen und fein hacken. Zusammen mit beiden Hackfleischsorten, Speck, Semmelbröseln, Parmesan und Petersilie in einer großen Schüssel vermengen. Mit Salz und Pfeffer abschmecken.

Die Steaks mit einem schweren Glas oder Fleischklopfer zwischen 2 Lagen Klarsichtfolie etwa 5 mm bis 1 cm dick flach klopfen. Je dünner, desto besser. Aber vorsichtig: das Fleisch dabei nicht zerreißen.

Jeweils ein Achtel Füllung auf jedes Fleischstück legen. Ein Ende über die Füllung legen, dann die Seiten umlegen und das Fleisch aufrollen. Mit Zahnstochern oder Küchengarn feststecken bzw. -binden und mit der Naht nach unten auf einen Teller legen. Von beiden Seiten würzen.

Eine Pfanne mit dickem Boden bei mittlerer Hitze erhitzen und Olivenöl und Fleischrollen hineingeben. Von beiden Seiten sanft anbräunen. Dann herausnehmen und auf einen Teller legen.

Die Sauce in derselben Pfanne zubereiten. Zwiebel und Knoblauch schälen und fein hacken. Die Möhre schälen und mit einer Gemüsereibe reiben. Das Olivenöl bei mittlerer Hitze erhitzen und Zwiebeln, Knoblauch und Möhre darin 5 Minuten braten, ohne sie anzubräunen. Dann Tomatenmark, Wein, Brühe, Lorbeerblätter, etwas Salz und Pfeffer und die Fleischrollen in die Pfanne geben. Die Flüssigkeit sollte mindestens bis zu einem Drittel des Rindfleisches reichen (ggf. mit Wasser auffüllen). Deckel oder Folie auf die Pfanne legen und das Ganze bei schwacher Hitze 1 Stunde köcheln lassen. Nach 30 Minuten die Fleischrollen umdrehen und ggf. mehr Wasser angießen. Erbsen zugeben und ein paar Minuten garen. Pfanne vom Herd nehmen und vor dem Servieren 10 Minuten ruhen lassen.

BLUMENKOHL MIT WURST, EIERN UND ĠBEJNIET

FÜR 4 PORTIONEN

ZUBEREITUNGSZEIT: 20 MINUTEN KOCHZEIT: 1 STUNDE 5 MINUTEN

Dies ist ein einfaches Gericht, inspiriert von einem langen Gespräch über lokale Köstlichkeiten auf der Insel Gozo. Ich liebe es, wie die Wurst das Gemüse aromatisiert und wie schön die Eier und der Käse das Gericht abrunden.

ZUTATEN

3 große reife Tomaten (alternativ 400 g stückige Tomaten aus der Dose)
1 kleine Zwiebel
2 Knoblauchzehen
3 EL Olivenöl
1 TL gemahlener Koriander
Salz, frisch gemahlener schwarzer Pfeffer
1 kleiner Blumenkohl (ca. 500–600 g)
300 g italienische Schweinswürste
4 Eier (Größe M)
4 frische *ġbejniet*-Käselaibe (Seite 46; alternativ 360 g fester Ricotta)
2 EL gehackte glatte Petersilie

ZUBEREITUNG

Frische Tomaten waschen, an der Unterseite einritzen und mit einer Gemüsereibe das Fruchtfleisch reiben. Zwiebel und Knoblauch schälen, Zwiebel fein hacken und Knoblauch in feine Scheiben schneiden. 1 EL Öl erhitzen und Zwiebeln, Knoblauch und Koriander darin braten, bis die Zwiebeln weich sind. 250 ml Wasser angießen und Tomaten einrühren, 10 Minuten köcheln lassen und mit Salz und Pfeffer würzen.

Den Backofen auf 190 °C (Umluft) vorheizen.

Blumenkohl in Röschen teilen, waschen und putzen. Die Schweinswürste dritteln. Die Sauce in eine tiefe, mittelgroße Auflaufform geben, Blumenkohlröschen und Wurst darauf verteilen, salzen und pfeffern und mit 1 EL Olivenöl beträufeln. Blumenkohl und Wurst gut mit der Sauce vermengen. Form abdecken und 45 Minuten im Backofen (Mitte) garen bzw. bis der Blumenkohl weich ist.

In der Form Platz für 4 Eier schaffen und sie jeweils in die Vertiefungen aufschlagen. Form nicht abgedeckt in den Backofen stellen und einige Minuten weitergaren, bis die Eier fest sind. Jeweils ein Stück Käse in die Ecken der Form legen und alles mit Petersilie bestreuen. Restliches Öl darüberträufeln und die Form in die Mitte des Tisches stellen. Dazu passt ein Salat und knuspriges Brot.

TIMPANA

FÜR 8 PORTIONEN

ZUBEREITUNGSZEIT: 45 MINUTEN + KÜHLZEIT KOCHZEIT: 2 STUNDEN 10 MINUTEN

Timpana ist eines der bekanntesten Gerichte Maltas (in Sizilien als »*timpano*« bekannt). Die Pie ist eigentlich für besondere Anlässe, wird von einigen Malteser*innen aber deutlich häufiger zubereitet. Die Kunst ist, den Teig zu garen, ohne dass das Innere austrocknet. Ich backe meine *timpana* in einer hohen Kuchenform, so wird sie schön hoch und nicht zu breit. Ein weiterer Trick: Die Nudelfüllung im Voraus zubereiten und gut kühlen. Die Zugabe von Schweinehackfleisch sorgt für mehr Feuchtigkeit, und Hühnerleber verleiht der Pie einen besonderen Geschmack.

ZUTATEN

FÜR DIE FÜLLUNG

- 3 große reife Tomaten (alternativ 400 g stückige Tomaten aus der Dose)
- 1 Zwiebel
- 2 Knoblauchzehen
- 1 EL Olivenöl
- 100 g Pancetta (alternativ Bacon)
- 400 g Schweinehackfleisch
- 2 EL Tomatenmark
- 500 ml Hühnerbrühe
- ½ TL gemahlener Piment
- ¼ TL frisch geriebene Muskatnuss
- Salz, frisch gemahlener schwarzer Pfeffer
- 300 g Makkaroni (gerade Form; alternativ Penne)
- 1½ EL Butter
- 180 g Hühnerleber (Häute entfernt, in 2 cm große Stücke geschnitten)
- 5 Eier (Größe M)
- 80 g geriebener Parmesan

FÜR DEN MÜRBETEIG

- 450 g Mehl (Type 550), plus etwas mehr zum Arbeiten
- 210 g kalte Butter, plus etwas mehr zum Fetten
- Salz
- 100–120 ml Eiswasser
- 1 Ei (Größe M)
- 2 EL Milch

ZUBEREITUNG

Tomaten waschen, an der Unterseite einritzen und mit einer Gemüsereibe das Fruchtfleisch reiben. Zwiebel und Knoblauch schälen und fein hacken, Öl erhitzen und beides darin bei mittlerer Hitze 5 Minuten braten. Pancetta in 1 cm große Stücke schneiden. Hackfleisch und Pancetta in die Pfanne geben und braten, bis das Fleisch angebräunt und keine Flüssigkeit mehr vorhanden ist. Tomaten, Tomatenmark, Brühe, Gewürze und je 1 Prise Salz und Pfeffer zugeben und aufkochen. Deckel auflegen und 45 Minuten köcheln lassen. Zum Abkühlen in eine Schüssel geben.

Pasta in Salzwasser einige Minuten kürzer garen, als auf der Verpackung angegeben. Abgießen, mit kaltem Wasser abspülen und abkühlen lassen. Butter in einer Pfanne erhitzen und die Leber bei mittlerer Hitze darin von allen Seiten anbraten. Das Innere sollte noch rosa sein. Mit Salz und Pfeffer würzen.

3 Eier in einer Schüssel verquirlen, Parmesan einrühren. Zur Pasta geben, gefolgt von der Sauce und der Leber. Die Pasta sollte nicht in Sauce schwimmen, aber auch nicht zu trocken sein. In den Kühlschrank stellen.

2 Eier 10 Minuten hart kochen. In der Zwischenzeit für den Mürbeteig Mehl, gewürfelte Butter und ½ TL Salz in eine Schüssel geben. Mit den Händen vermengen, bis der Teig eine streuselartige Konsistenz hat. Eiswasser einarbeiten, bis ein fester Teig entsteht. Teig zu einer Kugel formen, in Frischhaltefolie wickeln und 45 Minuten kalt stellen.

Backofen auf 180 °C (Umluft) vorheizen. Eine Springform (Ø 24 cm) fetten. Teig auf leicht bemehlter Arbeitsfläche 5 mm dick ausrollen. Form mit dem Teig auslegen, Überschüsse abschneiden und wieder zu einer Teigkugel formen. Die Hälfte der Pasta-Mischung in die Form füllen. Gekochte Eier schälen, vierteln und darauf verteilen, dann die restliche Pasta-Mischung daraufgeben. Restlichen Teig ausrollen und als Deckel auf die Pie legen. Überschüssigen Teig abschneiden, einen kleinen Rand lassen. Rand einfalten und rundherum andrücken. Ei mit Milch verrühren und die Pie damit bestreichen. Im heißen Backofen (Mitte) 45 Minuten backen, dann mit einem Messer innen am Rand der Form entlangfahren, um die Pie zu lösen. Anschließend für weitere 15 Minuten backen.

GEMÜSE

Die Stände und Gemüsewagen sind eine Art sozialer Magnet, ein Ort, an dem man qualitativ hochwertige Produkte kaufen kann, und gleichzeitig ein Treffpunkt zum Plaudern.

Der Archipel von Malta ist felsig und besteht aus Kalkstein, aber der Appetit auf selbst angebautes Gemüse ist so groß, dass es überall, wo Platz ist, Parzellen gibt. Die meisten Produkte verbrauchen die Erzeuger*innen selbst, doch es wird auch mit Familie und Nachbar*innen geteilt oder an Ständen am Straßenrand verkauft. Die Stände und Gemüsewagen sind eine Art sozialer Magnet, ein Ort, an dem man qualitativ hochwertige Produkte kaufen kann, und gleichzeitig ein Treffpunkt zum Plaudern.

Das saisonale Gemüse wird in türkisfarbenen Kisten präsentiert, was darauf hindeutet, dass hier sehr feine Produkte angeboten werden. Die Vielfalt des auf Malta angebauten Gemüses umfasst Tomaten, Zucchini, Saubohnen, Auberginen, Kürbis (Winterkürbis), Kohl und Kohlrabi, um nur ein paar zu nennen! Einheimische Kartoffeln sind eine Besonderheit der gozitanischen Küche. Der trockene Boden bringt eine sehr schmackhafte Kartoffel hervor, die im Frühjahr in großen Mengen in nördliche Länder exportiert wird.

Gemüse wird nicht nur als Beilage verzehrt, sondern ist oft genauso wichtig wie Fleisch, etwa in Gerichten wie gefülltem Gemüse oder herzhaften Eintöpfen. Bis vor 200 Jahren stand auf dem maltesischen Speiseplan selten Fleisch. Es galt als Luxusprodukt.

Vielleicht ist das der Grund, warum Qualitätsgemüse bei den Malteser*innen hoch im Kurs steht. Es ist eine Freude, zu sehen, wie die Käufer*innen die Stände der Händler*innen durchstöbern, um die besten Produkte zu finden. In Anbetracht der erschreckenden Überproduktion von Fleisch in der Welt ist es entscheidend, dass wir auf Gemüse zurückgreifen, das in der Nähe unserer Heimat angebaut wird. Malta ist da in einer guten Position. Die Überdüngung des Bodens hat auch Nachteile, deshalb bleibt es spannend, wie sich nachhaltige Anbaumethoden entwickeln werden. Dazu gehören Kreislaufwirtschaft, Aquaponik und Direktsaat (eine Methode zur Verringerung der Bodenerosion). Die Zukunft sieht gut aus für Malta und sein Gemüse.

Im Geiste der maltesischen Produkte schlage ich vor, auf dem Markt gekauftes Bio-Gemüse zu verwenden.

FÜR 4 PORTIONEN

TOMATEN-KAPERN-SALAT MIT ĠBEJNIET

ZUBEREITUNGSZEIT: 10 MINUTEN KOCHZEIT: 3 MINUTEN

Ich kann der Kombination von Tomaten und Kapern einfach nicht widerstehen — Süße, die durch eine ausgeprägte salzig-säuerliche Note ausgeglichen wird. Dazu noch ein cremiger *ġbejniet* und fertig ist ein Beilagensalat, der die Aromen Maltas in sich vereint. Er ist einfach zuzubereiten, sodass Sie sich damit bestimmt Freunde machen werden.
Das Braten der Kapern sorgt für mehr Textur und konzentriert den Geschmack (ist aber nicht unbedingt notwendig). Wer seinen Salat mit weniger Milchprodukten zubereiten möchte, kann etwas geriebenen halbgetrockneten *ġbejniet* oder Ricotta salata verwenden.

ZUTATEN

- 50 g Kapern
- 2 EL Olivenöl zum Braten (alternativ anderes Pflanzenöl)
- 3 EL Olivenöl zum Servieren
- 4 frische *ġbejniet*-Käselaibe (Seite 46; alternativ 360 g fester Ricotta)
- 600 g reife Tomaten (am besten Fleischtomaten)
- ½ rote Zwiebel
- 1 kleine Handvoll Minzblätter
- 1 kleine Handvoll Basilikumblätter
- Salz, frisch gemahlener schwarzer Pfeffer
- 2 TL Rotweinessig (alternativ Sherry-Essig)

ZUBEREITUNG

Kapern abspülen und trocken tupfen. Öl in einem Topf erhitzen und die Kapern darin braten, bis sie knusprig werden. Auf Küchenpapier abtropfen lassen.

Die Käselaibe vierteln. Alternativ den Ricotta in grobe Stücke zerbröckeln.

Tomaten waschen und in dicke Scheiben schneiden. Zwiebel schälen und in dünne Scheiben schneiden. Minze und Basilikum waschen und trocken schütteln, Minze grob hacken. Tomaten zusammen mit Käse auf einem großen Teller anrichten und mit den Zwiebeln bestreuen. Mit Salz und Pfeffer würzen und mit dem restlichen Öl und dem Essig beträufeln. Kapern und Kräuter darauf verteilen und mit knusprigem Brot servieren.

QAQOĊĊ MIMLI
GEFÜLLTE ARTISCHOCKEN

FÜR 4 PORTIONEN

ZUBEREITUNGSZEIT: 30 MINUTEN + 30 MINUTEN EINWEICHZEIT KOCHZEIT: 1 STUNDE 10 MINUTEN

Artischocken wachsen überall auf Maltas Inseln. Sie stammen aus dem Mittelmeerraum und sind in dem trockenen Klima zu Hause. Dieses Gericht ist ein maltesischer Klassiker, den man als Vorspeise mit anderen teilen kann. Man isst die Artischocken mit den Fingern, zupft jedes einzelne Blütenblatt ab und schabt mit den Zähnen daran entlang, wobei man mit der Füllung und etwas Fleisch belohnt wird. Wenn man den faserigen Teil unter den Blütenblättern erreicht, isst man das Artischockenherz mit einem Teelöffel weiter. Einige maltesische Köch*innen füllen ihre Artischocken mit Thunfisch, andere mit Kapern. Sie können wirklich jede Mischung verwenden, aber meiner Meinung nach sind Sardellen und Knoblauch ein Muss. Wenn Sie Artischocken kaufen, achten Sie auf die stacheligen Spitzen an den Blütenblätter — das bedeutet, dass sie sehr frisch sind.

ZUTATEN

- 2 große Artischocken (alternativ 4 kleine)
- Saft und Schale von ½ Bio-Zitrone
- 5 Sardellenfilets
- 2 EL schwarze Oliven (ohne Stein)
- 2 Knoblauchzehen
- 100 g Semmelbrösel
- 2 EL gehackte glatte Petersilie
- 1 EL gehackte Minze
- 2 EL Olivenöl, plus etwas mehr zum Beträufeln
- Salz, frisch gemahlener schwarzer Pfeffer
- 2 mittelgroße Kartoffeln
- 100 ml Weißweinessig

ZUBEREITUNG

Die Artischockenstiele abschneiden, aber nicht wegwerfen. In einer Schüssel Wasser und Zitronensaft mischen und die Artischocken darin für 30 Minuten einweichen.

Für die Füllung die Stiele gut schälen (die Schale ist faserig und bitter), dann die inneren Stiele so fein wie möglich hacken. Sardellen und Oliven fein hacken, Knoblauch schälen und zerdrücken. In einer Schüssel mit Zitronenschale und den restlichen Zutaten, außer Kartoffeln und Essig, vermengen. Mit Salz und Pfeffer würzen.

Artischocken aus dem Wasser nehmen, kopfüber auf eine harte Oberfläche stellen und leicht andrücken, um sie zu öffnen. Umdrehen und mit einer Schere die scharfen Spitzen der Blütenblätter abschneiden. Mit den Händen die Blütenblätter weiter zurückspreizen. Die Füllung mithilfe eines Teelöffels so tief wie möglich in alle Lücken geben.

Kartoffeln schälen, waschen und halbieren. Mit den gefüllten Artischocken in einen Topf geben. Die Kartoffeln sorgen dafür, dass die Artischocken aufrecht stehen bleiben, deshalb einen Topf nehmen, wo alles eng aneinander sitzt. Essig und so viel Wasser zugießen, dass die Artischocken zu einem Drittel darin stehen. Salzen. Deckel auf den Topf legen und 1 Stunde oder länger köcheln lassen (ggf. Wasser nachgießen), bis sich die Blätter der Artischocken leicht herausziehen lassen.

Backofengrill anstellen und die Artischocken in eine ofenfeste Form setzen. Mit Öl beträufeln und so lange grillen, bis die Füllung Farbe annimmt und trocken ist. Artischocken und Kartoffeln mit knusprigem Brot servieren.

AUBERGINE MIT MINZE UND PFEFFER-ĠBEJNIET

FÜR 4 PORTIONEN

ZUBEREITUNGSZEIT: 15 MINUTEN + 20 MINUTEN EINWEICHZEIT KOCHZEIT: 25 MINUTEN

In diesem Rezept bildet der pfeffrige und salzige Geschmack des halbgetrockneten Käses einen Gegenpol zum süß-sauren Geschmack des Dressings. Das Einweichen der Auberginen in Milch nimmt ihnen einen Teil ihrer Bitterkeit und macht sie beim Braten richtig cremig. Servieren Sie sie als Beilage oder mit knusprigem Brot als leichte Mahlzeit.

ZUTATEN

- 600—800 g Auberginen
- 500 ml Milch
- Salz, frisch gemahlener schwarzer Pfeffer
- 2 EL Olivenöl
- 2 EL Honig
- 1 EL Rotweinessig (alternativ Sherry-Essig)
- 2 EL gehackter Schnittlauch
- 1 Handvoll Minzeblätter
- 2 EL Pinienkerne
- 1 halbgetrockneter gepfefferter *ġbejniet*-Käselaib (Seite 46; alternativ 50 g Ricotta salata mit frisch gemahlenem schwarzem Pfeffer)

ZUBEREITUNG

Den Backofen auf 200 °C (Umluft) vorheizen.

Auberginen waschen und der Länge nach in 8 Scheiben schneiden. Zusammen mit der Milch in eine Schale geben, in der die Auberginen dicht beieinanderliegen, und 20 Minuten einweichen. Sind die Scheiben nicht ganz untergetaucht, diese nach 10 Minuten wenden.

Auberginenscheiben aus der Milch nehmen und trocken tupfen. Auf ein Backblech legen und mit Salz und Pfeffer würzen. 1 EL Öl darüberträufeln und im heißen Backofen (Mitte) für 25 Minuten backen. Sie sollten in der Mitte weich und am Rand goldgelb sein.

In der Zwischenzeit Honig, Essig, Schnittlauch und restliches Öl in einer großen Schüssel verrühren. Sobald die Auberginen aus dem Ofen kommen, die Auberginenscheiben ins Dressing tauchen und gut damit überziehen. Die Scheiben auf einen großen Teller legen und auf Zimmertemperatur abkühlen lassen.

Minze waschen, trocken schütteln und die Blätter zerzupfen. Pinienkerne in einer Pfanne ohne Öl bei schwacher Hitze rösten, darauf achten, dass sie nicht anbrennen.

Käse grob reiben. Mit Minze und Pinienkernen über die Auberginen streuen. Restliches Dressing daraufgeben.

BLATTSPINAT MIT SARDELLEN UND ZITRONE

FÜR 4–6 PORTIONEN

ZUBEREITUNGSZEIT: 15 MINUTEN KOCHZEIT: 5 MINUTEN

Bei all den Pasta- und Tomatengerichten sowie den Gebäcken, die in der maltesischen Küche zu finden sind, ist jedes Rezept, das viel Grünzeug enthält, willkommen. Ich serviere es gerne zu Gerichten wie *timpana* (Seite 161) oder Geschmortem Schweinefleisch mit Gemüse (Seite 155).

ZUTATEN

- 600 g Blattspinat
- 1 Knoblauchzehe
- 6 Sardellenfilets (in Öl), plus 1 EL vom Öl
- 3 EL Olivenöl
- ⅛ TL Chiliflocken (nach Belieben)
- Schale von ½ Bio-Zitrone
- 1 halbgetrockneter *ġbejniet*-Käselaib (Seite 46; alternativ 50 g geriebener Ricotta salata)

ZUBEREITUNG

Spinat waschen, putzen und abtropfen lassen. In ein Küchentuch legen und restliches Wasser aus den Blättern drücken.

Knoblauch schälen und fein hacken, Sardellen ebenfalls fein hacken. 2 EL Olivenöl bei schwacher Hitze in einer großen Pfanne erhitzen. Knoblauch, Sardellen mit Öl und nach Belieben Chiliflocken zugeben und braten, bis die Sardellen zerfallen und der Knoblauch duftet.

Spinat und Zitronenschale zufügen, die Hitze auf mittlere Stufe erhöhen und etwa 2 Minuten braten, bis der Spinat in sich zusammenfällt.

Auf einem Teller anrichten. Mit Käse bestreuen und dem restlichem Öl beträufeln. Kann auch kalt als Salat serviert werden.

KAPUNATA

FÜR 4–6 PORTIONEN

ZUBEREITUNGSZEIT: 20 MINUTEN KOCHZEIT: 50 MINUTEN

Wir alle kennen Ratatouille. Nun, *kapunata* (oder *caponata*, wie sie in Sizilien genannt wird) ist ihr lebhafter Cousin aus dem Süden. *Kapunata* unterscheidet sich von Ratatouille dadurch, dass es ein Gleichgewicht zwischen süß und sauer herstellt und Kapern, Oliven, Rosinen und Pinienkerne enthält. Um nicht zu viel Zeit mit dem Anbraten von Gemüse in Pfannen zu verbringen, backe ich einiges davon. Das vereinfacht den Prozess, konzentriert aber auch den Geschmack.
Kapunata eignet sich hervorragend als Beilage zu gebratenem Fleisch, aber ich lasse mich auch gerne von der nordafrikanischen Region südlich von Malta inspirieren und füge Eier hinzu, um das Gericht wie *shakshouka* zuzubereiten.

ZUTATEN

- 1 rote Paprika
- 1 Aubergine
- 2 EL Olivenöl
- Salz, frisch gemahlener schwarzer Pfeffer
- 4 mittelgroße reife Tomaten
- 4 Knoblauchzehen
- 1 Zwiebel
- 2 Stangen Staudensellerie
- 2 EL Kapern
- 2 EL schwarze Oliven (ohne Stein)
- 1 EL Rosinen
- 2 EL Pinienkerne
- 2 TL Zucker
- 2 TL Rotweinessig
- 1 EL gehackte Minze
- 2 EL gehacktes Basilikum

ZUBEREITUNG

Den Backofen auf 220 °C (Umluft) vorheizen.

Die Paprika halbieren, putzen und waschen. Die Aubergine putzen, waschen, dann längs vierteln. Paprika und Aubergine auf einem Backblech mischen. Mit 1 EL Öl beträufeln und mit Salz und Pfeffer würzen. 15 Minuten im Backofen (Mitte) rösten.

Tomaten waschen und putzen. Die Backofentemperatur auf 200 °C reduzieren und Tomaten und die Knoblauchzehen mit Schale auf das Blech legen und weitere 20 Minuten rösten.

In der Zwischenzeit Zwiebel schälen, Sellerie waschen und beides fein würfeln. Kapern abspülen. Oliven und Rosinen hacken. Die Pinienkerne in einer Pfanne ohne Fett leicht rösten. In eine Schüssel geben. Restliches Olivenöl in die Pfanne geben und Zwiebeln und Sellerie bei mittlerer Hitze weich braten (etwa 8 Minuten). Mit Salz und Pfeffer würzen. Pinienkerne untermengen, dann die Pfanne vom Herd nehmen.

Wenn das Ofengemüse abgekühlt ist, Paprika in 1 cm dicke Scheiben schneiden. Aubergine in 2 cm große Stücke schneiden und die Tomaten vierteln. Das Röstgemüse in die Pfanne zu Zwiebel und Sellerie geben und wieder auf den Herd stellen. Knoblauchzehen aus der Schale drücken, ebenfalls hineingeben. Zucker und 100 ml Wasser hinzufügen und 5 Minuten köcheln. Kapern, Oliven, Rosinen und Essig einrühren, abschmecken und vom Herd nehmen. Minze und Basilikum unterrühren und warm oder kalt servieren.

KAPUNATA SHAKSHOUKA

Den Backofen auf 220 °C (Umluft) vorheizen. *Kapunata* in eine ofenfeste Form oder einzelne Förmchen füllen und die Sauce mit etwas Wasser verdünnen. Vertiefungen machen und jeweils 1 Ei dort aufschlagen. Backen, bis die Eier den persönlichen Geschmack treffen. Mit knusprigem Brot servieren.

Postkarte #04

```
Aufrichtig, freundlich, unverwüstlich.
Temperamentvoll, neugierig! Eine gute Art von Laut.
Gastfreundlich und großzügig — die Familie steht an erster Stelle,
aber auch Freunde.
Wenn die Barriere bricht, betrachte dich als einer von ihnen.
Eine komplexe Vergangenheit.
Fortschrittlich heute.
Das sind die Menschen auf Malta.
```

MINESTRA TAL-ĦAXIX
GEMÜSESUPPE

FÜR 4–6 PORTIONEN

ZUBEREITUNGSZEIT: 20 MINUTEN + EINWEICHZEIT ÜBER NACHT KOCHZEIT: 1 STUNDE 5 MINUTEN

Mit Rezepten, die von Generation zu Generation weitergegeben werden, gibt es die *minestra* schon seit ewigen Zeiten. Zwischen und innerhalb der Familien wird darüber diskutiert, welches Gemüse verwendet werden und ob die Suppe püriert oder stückig bleiben soll. Ich bevorzuge Letzteres. Ja, *minestra* ähnelt der italienischen *minestrone*, aber ist doch auch anders: Der Kürbis verleiht ihr eine gewisse Süße, das Gemüse ist großstückig (oder püriert) und die übliche Hülsenfrucht ist *favetta* (geschälte Saubohnen). Maltesische *kusksu*-Nudeln kommen manchmal auch hinein. Trotz des warmen Klimas wird diese Suppe das ganze Jahr über gegessen, und ein Topf davon steht oft im Kühlschrank der maltesischen Haushalte.

ZUTATEN

100 g geschälte Saubohnen
1 große Zwiebel
2 kleine Möhren
1 Stange Staudensellerie (mit Grün)
1 Stange Lauch
½ kleiner Weißkohl
200 g Kürbis
3 kleine Kartoffeln
1 mittelgroße Zucchini
1 EL Olivenöl, plus etwas mehr zum Servieren
1 Lorbeerblatt
1 EL Tomatenmark
Salz
1 große Handvoll glatte Petersilie
gehobelter Parmesan zum Servieren

ZUBEREITUNG

Die Bohnen über Nacht einweichen lassen.

Am nächsten Tag die eingeweichten Bohnen abgießen und kalt abspülen. Zwiebel schälen und fein hacken, Möhren schälen und in 3 cm große Würfel schneiden. Sellerie waschen und zusammen mit dem Selleriegrün fein hacken. Lauch ebenso waschen und in dünne Ringe schneiden. Weißkohl in dicke Stücke schneiden, waschen und trocken schleudern. Kürbis schälen, putzen und in große Stücke schneiden. Kartoffeln schälen, waschen und vierteln, Zucchini waschen und in 6 cm große Stücke schneiden.

Olivenöl in einem großen Topf erhitzen und Zwiebeln, Möhren und Sellerie bei schwacher bis mittlerer Hitze unter Rühren 5 Minuten braten. Bohnen, Lorbeerblatt, Lauch, Kohl, Tomatenmark und 1 TL Salz einrühren. Mit Wasser bedecken und 20 Minuten mit aufgelegtem Deckel köcheln lassen.

Kürbis und Kartoffeln zugeben und weitere 20 Minuten köcheln lassen, dann Zucchini in den Topf geben und noch einmal 20 Minuten köcheln lassen.
Wird die Suppe zu dick, mehr Wasser zugießen. Zwischendurch abschmecken.

Petersilie waschen, trocken schütteln und grob hacken. Etwas Petersilie für die Garnitur beiseitelegen, den Rest zur Suppe geben. Suppe in Schalen anrichten und mit etwas Öl beträufeln, mit Parmesan und Petersilie bestreuen. Dazu knuspriges Brot reichen.

SOPPA TAL-ARMLA
WITWENSUPPE

FÜR 4 PORTIONEN

ZUBEREITUNGSZEIT: 20 MINUTEN   KOCHZEIT: 45 MINUTEN

Diese Suppe soll ihren Namen erhalten haben, weil ihre einfachen Zutaten leicht zu bekommen waren; selbst eine Witwe mit geringen Mitteln konnte sie beschaffen. In der Regel wird nur weißes und grünes Gemüse verwendet. Ich mache die Suppe gerne ohne Tomatenmark, weil ich finde, dass der Geschmack des Gemüses dann besser zur Geltung kommt, vor allem, wenn man eine gute selbst gemachte Gemüsebrühe verwendet. Die Zugabe von *ġbejniet*-Käse und Eiern macht die Suppe zu einer sättigenden Mahlzeit.

ZUTATEN

- 1 große Zwiebel
- 1 Knoblauchzehe
- 1 kleiner Kohlrabi (ca. 300 g)
- 1 große Stange Staudensellerie
- 500 g Kartoffeln
- 1 mittelgroße Zucchini
- ½ mittelgroßer Blumenkohl
- 1 EL Olivenöl, plus etwas mehr zum Servieren
- 1 EL Tomatenmark (nach Belieben)
- 2 Lorbeerblätter
- 1 l Gemüsebrühe
- 150 g Saubohnen (alternativ Erbsen)
- Salz, frisch gemahlener weißer Pfeffer
- 4 Eier (Größe M)
- 4 frische *ġbejniet*-Käselaibe (Seite 46; alternativ 360 g fester Ricotta)
- grob gehackte glatte Petersilie zum Servieren

ZUBEREITUNG

Zwiebel und Knoblauch schälen und fein hacken. Kohlrabi schälen und in 2 cm große Würfel schneiden. Sellerie waschen und in feine Würfel schneiden. Kartoffeln schälen, waschen und in 3 cm große Stücke schneiden. Zucchini waschen und in 4 cm große Stücke schneiden. Blumenkohl waschen und in Röschen teilen.

Olivenöl in einem Topf erhitzen und Zwiebeln, Knoblauch, Kohlrabi und Sellerie darin bei schwacher bis mittlerer Hitze unter Rühren 8 Minuten braten. Nach Belieben jetzt das Tomatenmark einrühren, dann Blumenkohl, Kartoffeln, Lorbeerblatt und Brühe zugeben. Das Gemüse sollte bedeckt sein, ggf. etwas Wasser zugießen. Mit aufgelegtem Deckel 20 Minuten köcheln lassen, bis das Gemüse weich ist. Saubohnen und Zucchini in den Topf geben und mit Salz und Pfeffer würzen. Weitere 10 Minuten köcheln lassen.

Eier in die Suppe aufschlagen und pochieren. Mit aufgelegtem Deckel einige Minuten garen.

Die Suppe mit jeweils 1 Ei in Tellern anrichten. Einen Käselaib oder ein Stück Ricotta zugeben und in der Suppe schmelzen lassen. Mit Petersilie bestreuen und mit Olivenöl beträufeln. Dazu knuspriges Brot reichen.

PATATA FIL-FORN
MALTESISCHE KARTOFFELN

FÜR 4—6 PORTIONEN

ZUBEREITUNGSZEIT: 15 MINUTEN KOCHZEIT: 1 STUNDE

Dieses beliebte Gericht ist die perfekte Ergänzung zu vielen Fleisch- und Fischgerichten in diesem Buch. Es ist eine Meisterleistung — die Brühe erzeugt Dampf, der durch die Kartoffeln hindurch nach oben steigt und die Unterseite weich hält, während die Oberseite eine schöne Kruste entwickelt. Diese kontrastierenden Texturen verbinden sich mit den Aromen der Fenchelsamen. Ein weiterer Vorteil ist, dass das Gericht so schnell zubereitet ist.

ZUTATEN

800 g Kartoffeln
1 mittelgroße Zwiebel
2 Knoblauchzehen
2 EL gehackte glatte Petersilie
1 EL Fenchelsamen, plus etwas mehr zum Bestreuen
2 EL Olivenöl
Salz
250 ml Hühnerbrühe

ZUBEREITUNG

Den Backofen auf 180 °C (Umluft) vorheizen.

Kartoffeln schälen, waschen und in 0,5–1 mm dicke Scheiben schneiden. Zwiebel und Knoblauch schälen und in dünne Scheiben schneiden.

Kartoffeln, Zwiebeln, Knoblauch, Petersilie, Fenchelsamen und 1 EL Öl in einer mittelgroßen Auflaufform mischen. Salzen und mit den Händen gut vermengen, bis die Kartoffeln gut damit überzogen sind. Die oberste Schicht der Kartoffeln flach drücken, dann die Brühe darübergießen. Wenn Sie Fenchel so sehr mögen wie ich, streuen Sie ein wenig mehr über die Kartoffeln. Restliches Öl darüberträufeln und 1 Stunde offen im Backofen (Mitte) garen. Kartoffeln mit einer Gabel testen — sie sollten weich sein und an der Oberfläche sollten sich kleine Blasen bilden.

QARABAGĦLI MIMLI FIL-FORN
GEFÜLLTER SOMMERKÜRBIS

FÜR 4 PORTIONEN

ZUBEREITUNGSZEIT: 25 MINUTEN KOCHZEIT: 1 STUNDE 10 MINUTEN

Dieser Kürbis ist ein charakteristisches Gemüse aus der Familie der Zucchini, das trockene Böden verträgt und auf ganz Malta gut wächst. Die gängige Sorte ist rund und grün, und jede*r Lebensmittelhändler*in an der Ecke bietet sie fast das ganze Jahr über an. Kürbisse sind sehr vielseitig: Wenn sie frisch und zart sind, etwa so groß wie ein Ei, sollte man sie blanchieren und mit Zitronensaft und Olivenöl essen. Wenn sie die Größe von Orangen haben, sind sie ideal für Suppen und Eintöpfe, und wenn sie noch größer sind, eignen sie sich perfekt zum Füllen.

Bei diesem Gericht wird das Gemüsefleisch mit Hackfleisch vermischt, in die Schale gefüllt und im Ofen gebacken. Es gibt unzählige Variationen der Füllung, aber ich liebe die Kombination aus Schweinefleisch, Chili und Fenchel. Für eine gehaltvollere Mahlzeit werden sie oft auf maltesischen Kartoffeln gebraten (Seite 185), wobei die Sauce dieses Rezepts dann weggelassen wird. Suchen Sie in türkischen Lebensmittelgeschäften nach Sommerkürbissen oder verwenden Sie normale Zucchini, die Sie halbieren und zu Schiffchen formen (dann 10 Minuten kürzer backen).

ZUTATEN

FÜR DIE SAUCE
- 1 Zwiebel
- 2 Knoblauchzehen
- 1 EL Olivenöl
- 1 Lorbeerblatt
- 2 EL Tomatenmark
- 500 ml Gemüse- oder Hühnerbrühe

FÜR DIE GEFÜLLTE ZUCCHINI
- 1 EL Fenchelsamen
- Chiliflocken (nach Belieben)
- Salz
- 4 Sommerkürbisse (à etwa 300 g)
- 1 Ei (Größe M)
- 400 g Schweinehackfleisch (nicht zu mager, das Fett gibt Feuchtigkeit)
- 2 EL Semmelbrösel, plus etwas mehr zum Bestreuen
- 40 g geriebener Parmesan, plus etwas mehr zum Bestreuen

ZUBEREITUNG

Für die Sauce Zwiebel und Knoblauch schälen und fein hacken. Das Öl in einem Topf erhitzen und bei mittlerer Hitze Zwiebeln, Knoblauch und Lorbeerblatt 5 Minuten braten, bis die Zwiebel weich und glasig ist. Tomatenmark einrühren, die Brühe angießen und 15 Minuten köcheln lassen, dann den Topf vom Herd nehmen.

Die Fenchelsamen in einer Pfanne ohne Öl anrösten, bis sie duften. Anschließend zusammen mit 1 Prise Chiliflocken (nach Belieben) und 1 TL Salz in einem Mörser zerkleinern.

Jeweils das obere Fünftel von den Kürbissen abschneiden. Mit einem Löffel das Fleisch herausnehmen, die Schale einige Zentimeter dick stehen lassen. Das Kürbisfleisch fein hacken.

Die abgeschnittenen oberen Stücke können Sie wegwerfen, aber das enthaltene Fleisch können Sie für ein anderes Rezept (oder Sie werfen es in die Tomatensauce) zurücklegen.

Den Backofen auf 200 °C (Umluft) vorheizen. Ei in einer Rührschüssel verschlagen und das Kürbisfleisch, die Fenchelsamen, Hackfleisch, Semmelbrösel und Parmesan zugeben. Gut vermengen. Jeden Kürbis damit füllen. Die Tomatensauce in eine tiefe Backform (ca. 20 x 30 cm) füllen, die Kürbisse auf die Sauce setzen und mit Semmelbröseln bestreuen. Mit Folie abdecken und 40 Minuten im heißen Ofen (Mitte) backen. Folie entfernen, etwas Parmesan darüberstreuen und weitere 5–10 Minuten bräunen. Mit Salat und knusprigem Brot servieren.

SÜSSES & GETRÄNKE

Die Religion beeinflusst das Backen das ganze Jahr über – eine süße Leckerei ist immer nur einen Heiligentag entfernt.

Lange Zeit hatte Malta Zugang zu Gewürzen und Aromen, die auf dem europäischen Festland als exotisch galten. Es besteht kein Zweifel an einem arabischen Einfluss in den maltesischen Süßspeisen. Datteln werden häufig verwendet, und es gibt sogar ein maltesisches Rezept für *halva* (Seite 211).

Die Religion beeinflusst das Backen das ganze Jahr über — eine süße Leckerei ist immer nur einen Heiligentag entfernt. Über 90 Prozent der Bevölkerung bezeichnen sich als katholisch (der römische Katholizismus ist Staatsreligion), was die Grundlage für viele kulinarische Traditionen legt.

Weihnachten ist das Fest der Kastanien. Wie Datteln werden auch sie nicht auf Malta angebaut, aber dennoch finden sich getrocknete Kastanien in alten Rezepten. Sie werden rehydriert, und manche Leute verwenden sie in einem Kuchen, während viele immer noch ein dickflüssiges Getränk aus Kastanien, Kakao und Gewürzen zubereiten, bekannt als *imbuljuta* (Seite 227).

Anders als Datteln und Kastanien werden Kaktusfeigen und Honig auf Malta geerntet, sie kommen häufig in Süßspeisen vor. Maltesischer Honig ist bekannt für sein einzigartiges Aroma, und aus Kaktusfeigen werden Konfitüre und Likör hergestellt, die Sie im Duty-Free-Laden des Flughafens kaufen können.

Die *prinjolata,* ein festlicher Kuchen mit Pinienkernen (Seite 228), wird vor der Fastenzeit serviert. Auch Johannisbrot gehört in die Fastenzeit, man schätzt es wegen seines Geschmacks, aber auch wegen seiner heilenden Wirkung. Johannisbrotbohnen stammen von einem Baum, der im Mittelmeerraum beheimatet ist und auch auf Malta wächst.

In diesem Kapitel finden Sie Beispiele für klassische maltesische Süßigkeiten sowie einige moderne Interpretationen mit Zutaten von den Inseln.

KWAREŻIMAL
MANDELKEKSE FÜR DIE FASTENZEIT

FÜR CA. 20 KEKSE

ZUBEREITUNGSZEIT: 15 MINUTEN BACKZEIT: 25 MINUTEN

Dieses Rezept ist von Haus aus vegan und enthält weder Eier noch Milchprodukte, da es mit der Fastenzeit in Verbindung gebracht wird. (Der Name kommt von *Quaresima*, dem italienischen Wort für Fastenzeit. Auf Maltesisch heißt sie *Randan*, was vom arabisch/muslimischen Ramadan abstammt.)
Einige Rezepte enthalten Ei und Kakaopulver, aber aus Gründen der Authentizität und aus dem praktischen Grund, dass es toll ist, veganen Freund*innen oder Familienmitgliedern eine Freude zu machen, backe ich sie auf die ursprüngliche Weise. Traditionell sind die Kekse sehr groß, sie waren eine Nascherei in der Fastenzeit. Ich schneide sie lieber in kleinere Stücke. Wenn Orangenschale nicht Ihr Ding ist, funktioniert auch Zitronenschale. Die Kekse sind sehr lecker und gehen schnell weg, aber wenn Sie welche übrig haben, können Sie sie bis zu zwei Wochen in einer Dose aufbewahren.

ZUTATEN

- 200 g gemahlene Mandeln
- 200 g Mehl (Type 550)
- 200 g Zucker
- 1 TL Backpulver
- 1 TL gemahlener Zimt
- Schale von ½ großen Bio-Orange
- 2 EL Honig
- 50 g gehackte, geröstete Mandeln

ZUBEREITUNG

Gemahlene Mandeln, Mehl, Zucker, Backpulver, Zimt und Orangenschale im Mixer oder in der Küchenmaschine 20 Sekunden vermengen. Esslöffelweise nach und nach 125 ml Wasser unterrühren, bis die Mischung dunkler wird und ein leicht krümeliger Teig entsteht (es kann sein, dass Sie nicht das gesamte Wasser benötigen). Das Ganze auf die Arbeitsfläche geben und zu einer Kugel formen. Ist die Mischung zu trocken und verbindet sich nicht, wieder in den Mixer geben und noch etwas Wasser hinzufügen.

Den Backofen auf 180 °C (Umluft) vorheizen.

Ein Backblech mit Backpapier auslegen. Den Teig vierteln. Jedes Teigviertel zu einem Rechteck flach drücken und etwa 15 cm lang ausrollen. Die Teigstücke sollten etwa 5 cm breit und 2 cm dick sein. Auf das Backblech legen und 20—25 Minuten im heißen Backofen (Mitte) backen. Die Ränder sollten braun sein und Sie sollten die Teigstücke mit einem Spatel abnehmen können.

Jetzt heißt es schnell arbeiten. Das noch heiße Gebäck mit Honig bestreichen und mit gehackten Mandeln bestreuen. Dann jedes Stück in etwa 5—6 Kekse schneiden und abkühlen lassen.

QAGĦAQ TAL-GĦASEL
HONIGRINGE

FÜR CA. 10 RINGE

ZUBEREITUNGSZEIT: 30 MINUTEN BACKZEIT: 25 MINUTEN

Diese einzigartigen Gebäckringe werden Honigringe genannt, weil sie einst aus einem Nebenprodukt des Honigs hergestellt wurden — Honigwaben, die nach dem Schleudern des Honigs eingeschmolzen wurden. Heute wird die Füllung immer mit Sirup hergestellt.

ZUTATEN

FÜR DEN TEIG
- 400 g Mehl (Type 550)
- 100 g feiner Hartweizengrieß
- 150 g kalte Butter
- 1 Eigelb (Größe M)
- 150 ml Orangensaft (ohne Fruchtfleisch, alternativ Wasser)

FÜR DIE FÜLLUNG
- 100 g Zartbitterschokolade
- 400 g dunkler Sirup (alternativ Melassesirup)
- Schale von ½ Bio-Zitrone
- Schale von ½ Bio-Orange
- 1 TL Pumpkin-Pie-Gewürz (Kürbisgewürz)
- 1 TL gemahlener Zimt
- 1 TL gemahlener Anis
- 150 g feiner Hartweizengrieß, plus etwas mehr zum Arbeiten

ZUBEREITUNG

Für den Teig Mehl, Grieß und gewürfelte Butter in eine Schüssel geben und mit den Fingern vermengen, bis das Ganze eine streuselartige Konsistenz hat bzw. an groben Sand erinnert. Eigelb und die Hälfte des Orangensafts zugeben und einen Teig formen. So lange Saft zugeben, bis der Teig nicht mehr trocken ist. Teig abdecken und ruhen lassen lassen, währenddessen die Füllung zubereiten.

Die Schokolade in grobe Stücke brechen und mit den restlichen Zutaten, bis auf den Grieß, in einen Topf geben und bei mittlerer Hitze zum Schmelzen bringen. Rühren, bis die Schokolade geschmolzen ist. Grieß einrühren und 4 Minuten bei schwacher Hitze köcheln lassen. Vom Herd nehmen und zu einer formbaren Paste abkühlen lassen. Ist sie noch zu feucht, noch etwas köcheln lassen oder etwas mehr Grieß zugeben.

Backofen auf 180 °C (Umluft) vorheizen. 2 Backbleche mit Backpapier auslegen. Arbeitsfläche mit etwas Grieß bestäuben und den Teig zu einem langen Rechteck ausrollen, 100 cm lang und 16 cm breit. Das Rechteck in 10-cm-Abständen schneiden, um Streifen zu formen. In die Mitte jedes Streifens eine Linie aus Füllung geben. Dabei die Enden aussparen. Nun den Teig um die Füllung rollen. Anschließend ein Teigende auf das andere legen, um Ringe zu bilden. Die Enden gut zusammendrücken und auf die Bleche legen.

Mit einem kleinen, scharfen Messer in jeden Ring 6 schräge Einschnitte machen. Im heißen Backofen (Mitte) 15—20 Minuten backen bzw. bis die Ringe eine goldgelbe Farbe haben. Vor dem Servieren abkühlen lassen. In der Dose halten sich die Ringe in einer kühlen, dunklen Umgebung 3 Wochen.

BISKUTTINI TAL-LEWZ
MANDEL-MAKRONEN

FÜR 20–24 MAKRONEN

ZUBEREITUNGSZEIT: 10 MINUTEN BACKZEIT: 55 MINUTEN

Eine perfekte Makrone sollte außen knusprig und in der Mitte weich sein. Diese Makronen halten sich gut und passen zum Kaffee auf Familienfeiern. Ich aromatisiere sie gern mit einem Hauch Orangenblütenwasser (*ilma żahar*) anstatt mit der traditionellen Mandelessenz.
Die Herstellung von *ilma żahar*, oft in Klöstern von Nonnen gemacht, ist ein aussterbendes Handwerk. Doch Lawrence Bajada in Xagħra auf der Insel Gozo stellt es noch her. Im Frühjahr werden die Blüten und Blätter des Orangenbaums gesammelt und dann stundenlang gedämpft. Die Kondensationstropfen sammeln sich und werden zum Blütenwasser, dem auch eine medizinische Wirkung nachgesagt wird: Es ist hilfreich bei Angstzuständen, fördert die Verdauung und wurde früher sogar für kranke Tiere verwendet. In vielen alten maltesischen Süßspeisenrezepten ist es enthalten, aber heutzutage werden stattdessen eher Orangenschalen verwendet.

ZUTATEN

200 g sehr feiner Zucker
2 Eiweiß (Größe L)
½ TL Orangenblütenwasser
200 g gemahlene Mandeln
45 g Reismehl
ganze geschälte Mandeln

ZUBEREITUNG

Den Backofen auf 170 °C (Umluft) vorheizen und ein Backblech mit Backpapier auslegen. Zucker und Eiweiß verrühren, bis eine glatte, glänzende Masse entsteht. Orangenblütenwasser einrühren, dann gemahlene Mandeln und Reismehl unterziehen. Teelöffelweise Häufchen abnehmen, mithilfe eines zweiten Löffels aufs Backblech setzen. In jede Makrone eine geschälte Mandel drücken. Im heißen Backofen (Mitte) 15 Minuten backen, wenn Sie sie weich mögen, etwas länger, wenn Sie sie knuspriger haben möchten.

LORBEER-PANNA-COTTA MIT MAULBEEREN

FÜR 4 PORTIONEN

ZUBEREITUNGSZEIT: 5 MINUTEN + 35 MINUTEN RUHEZEIT KOCHZEIT: 20 MINUTEN

Diese drei Zutaten wachsen auf Malta, werden aber nicht so oft verwendet, wie sie könnten. Dieses Dessert ist ein einfaches Rezept, auf das ich immer wieder zurückkomme. Getrocknete Maulbeeren und Johannisbrotbaumsirup sind in Bioläden erhältlich.

ZUTATEN

FÜR DIE PANNA-COTTA
- 80 g weiße Schokolade
- 400 g Sahne
- 100 ml Milch
- 5 getrocknete Lorbeerblätter
- 1½ TL Gelatinepulver

FÜR DIE BESCHWIPSTEN MAULBEEREN
- 3 EL Johannisbrotsirup
- 100 g getrocknete Maulbeeren

ZUBEREITUNG

Die Schokolade in Stücke brechen, mit Sahne und Milch in einen Topf geben und langsam erhitzen. Die Schokolade soll schmelzen und die Mischung eher dämpfen, nicht köcheln.

Eine Pfanne bei mittlerer Hitze erhitzen und die Lorbeerblätter leicht anrösten, bis sie duften. Lorbeerblätter in die heiße Sahne-Milch-Mischung geben. Mischung bei sehr schwacher Hitze 15 Minuten unter dem Köchelpunkt ziehen lassen, dann Topf vom Herd nehmen.

Gelatinepulver mit 1 ½ EL Wasser verrühren und 5 Minuten quellen lassen. Dann in die Sahne-Milch-Mischung rühren. Das Ganze 30 Minuten ruhen lassen, zwischendurch mindestens dreimal umrühren. Die Mischung durch ein feines Sieb abseihen und in 4 Schalen oder Gläser füllen. Die Panna Cotta mit Frischhaltefolie abdecken und 4 Stunden in den Kühlschrank stellen, bis sie fest ist.

Johannisbrotsirup und 60 ml Wasser in einen Topf geben und zum Köcheln bringen. Maulbeeren in eine Schüssel geben und den heißen Sirup daraufgießen. Umrühren, abdecken und mindestens 1 Stunde einweichen lassen.

Zum Servieren ein paar Löffel Sirup-Maulbeeren-Gemisch auf jede Panna Cotta geben.

ERDBEERPARFAIT AUS SCHAFSMILCH MIT PISTAZIEN

FÜR 6–8 PORTIONEN

ZUBEREITUNGSZEIT: 20 MINUTEN + 8 STUNDEN GEFRIERZEIT KOCHZEIT: 15 MINUTEN

Das beste Eis, das ich je gegessen habe, wurde aus Schafsmilch und Erdbeeren von der Tal-Karmnu-Farm außerhalb von Valletta (der Hauptstadt von Malta) zubereitet. Die Cremigkeit der Erdbeeren überwältigte mich dermaßen, dass ich, auf einer Steinmauer in der prallen Hitze sitzend, ganze 500 ml Eis gegessen habe. Ich habe dieses Rezept — eine Ode an ihr großartiges Produkt — als Parfait entwickelt, denn nicht jeder besitzt eine Eismaschine.

ZUTATEN

- 4 Eier (Größe M)
- 165 g Zucker
- 750 ml Schafs- oder Kuhmilch
- 1 TL natürliches Vanilleextrakt
- 250 g Erdbeeren
- 200 g Sahne

ZUM SERVIEREN

- 2 EL gehackte Pistazienkerne
- 250 g Erdbeeren
- 1 EL Honig

ZUBEREITUNG

Die Eier trennen. Eigelbe mit ½ Tasse vom Zucker in einem mittelgroßen Topf verrühren, dann die Milch einrühren. Bei mittlerer Hitze unter ständigem Rühren erhitzen und leicht eindicken lassen, wie einen Pudding (Sie sollten auf der Rückseite eines Löffels eine Linie durch den Pudding ziehen können). Das Ganze durch ein feines Sieb abseihen und in eine große Schüssel geben. Vanilleextrakt einrühren und auf Zimmertemperatur abkühlen lassen.

In der Zwischenzeit Erdbeeren waschen, putzen und in feine Würfel schneiden. Die Sahne schlagen. Eiweiß steif schlagen, bis es weiche Spitzen zieht. Nach und nach den restlichen Zucker unterschlagen, bis die Masse feste Spitzen bildet. Geschlagene Sahne unter den Pudding heben, dann das geschlagene Eiweiß. Die gewürfelten Erdbeeren untermengen. Eine Form (ca. 30 x 15 cm) mit Frischhaltefolie ausschlagen und die Mischung hineingeben. Mindestens 8 Stunden einfrieren.

Die Pistazienkerne in einer Pfanne ohne Öl leicht rösten. Erdbeeren waschen, putzen, halbieren und in eine Schüssel geben. Mit Honig beträufeln und gut vermengen. Das Parfait in Scheiben schneiden und, mit den Erdbeeren und mit Pistazienkernen bestreut servieren.

PUDINA TAL-ĦOBŻ
BROTPUDDING

FÜR 8 PORTIONEN

ZUBEREITUNGSZEIT: 15 MINUTEN + 1 STUNDE EINWEICHZEIT BACKZEIT: 30 MINUTEN

Werfen Sie Ihr altes Brot nicht weg! *Pudina tal-ħobż* ist ein beliebtes Rezept, das von Generation zu Generation weitergegeben wird. Keine zwei Familien machen es auf die gleiche Weise, aber im Allgemeinen kommen zum eingeweichten Brot Zucker, Butter, Eier und Kakao. Geriebene Zitrusschale, getrocknete Früchte und Gewürze geben dem herzhaften Pudding den richtigen Pfiff. Das Ergebnis ist nicht gerade das attraktivste Dessert, aber es schmeckt köstlich. Ich serviere ihn am liebsten noch warm mit Schlagsahne. Er kann auch kalt gegessen werden, ein perfekter süßer Snack für unterwegs.

ZUTATEN

- 600 g Weißbrot (am Stück)
- 500 ml Milch
- 50 g Datteln (ohne Stein; alternativ Sultaninen)
- 50 g Butter, plus etwas mehr zum Fetten
- 130 g Zucker
- 3 Eier (Größe M)
- 2 EL Backkakao
- 1 TL Backpulver
- Schale von 1 Bio-Orange
- 1 TL Gewürzmischung (Mischung aus gem. Koriander, Piment, Zimt, Muskat, Ingwer, Nelken)
- ½ TL natürliches Vanilleextrakt
- 1 Schuss Weinbrand oder Sherry (nach Belieben)

ZUBEREITUNG

Die Kruste vom Brot abschneiden, erst in 5 cm dicke Scheiben schneiden, dann in 5 cm große Stücke zupfen. In eine Schüssel legen und mit Milch begießen. Brot runterdrücken und 1 Stunde einweichen lassen.

Den Backofen auf 180 °C (Umluft) vorheizen.

Datteln hacken. Butter und Zucker in einer großen Rührschüssel blass-schaumig aufschlagen. Eier, Kakao und Backpulver einrühren, dann die restlichen Zutaten unterarbeiten. Das eingeweichte Brot ausdrücken und untermengen. Es sollte keine trockenen Brotstücke mehr geben. Ist dies doch der Fall, etwas Milch zugeben.

Eine große Kuchenform mit Butter fetten. Den Teig einfüllen und gut hineindrücken, es sollte keine Lufttaschen geben. Im heißen Backofen (Mitte) für etwa 30 Minuten backen, bis er gar ist. Für die Garprobe einen Spieß in die Mitte des Brotpuddings stecken, beim Herausziehen sollten keine Teigreste mehr daran haften bleiben.

MALTESISCHE KAFFEE-GRANITA MIT RICOTTA

FÜR 6 PORTIONEN

ZUBEREITUNGSZEIT: 20 MINUTEN + 4 STUNDEN GEFRIERZEIT   KOCHZEIT: 10 MINUTEN

Der traditionelle maltesische Kaffee ist ein berauschendes Gebräu mit Gewürzen und Zichorie, das vor allem von der älteren Generation geschätzt wird. Die Zichorie ist eine Pflanze wie der Löwenzahn. Wird ihre Wurzel geröstet und gemahlen, hat sie einige Kaffee-Eigenschaften und ist zudem verdauungsfördernd (man findet sie in Reformhäusern). Manche glauben, die Zugabe von Zichorie und Gewürzen stamme aus Zeiten, in denen Kaffee knapp und die Qualität minderwertig war. Diese Granita zählt zu meinen Lieblingen, die Gewürze peppen den Kaffee auf und das Eiweiß macht die Eiskristalle weicher und verbessert so die Konsistenz. Gepaart mit süßer Ricotta-Creme hat das Dessert einen Hauch von Tiramisu.

ZUTATEN

FÜR DIE GRANITA

- **30 g frisch gemahlene Kaffeebohnen**
- **2 TL geröstete gemahlene Zichorienwurzel**
- **100 g Zucker**
- **½ TL gemahlene Nelken**
- **½ TL gemahlener Anis**
- **2 Eiweiß (Größe M)**

FÜR DEN GESCHLAGENEN RICOTTA

- **400 g Ricotta**
- **Schale von ½ Bio-Zitrone**
- **1 ½ EL Honig**
- **1 EL Milch**

ZUBEREITUNG

500 ml Wasser mit Kaffee, Zichorie, Zucker und Gewürzen zum Köcheln bringen. Hitze auf niedrige Stufe reduzieren und die Mischung unter dem Köchelpunkt 7 Minuten ziehen lassen. Durch einen Kaffeefilter aus Papier in eine Schüssel geben und gut abkühlen lassen.

Eiweiß in einer Schüssel schaumig schlagen. Die Kaffeemischung unterrühren, dann in eine weite Glas- oder Keramikform füllen. 1 Stunde einfrieren.

Mit einer Gabel die Eiskristalle vom Rand der Form kratzen und mit der ungefrorenen Mitte mischen. Wieder gefrieren. Dies alle 30–40 Minuten wiederholen, bis die Mischung nur noch aus Eiskristallen besteht. Sie sollten mit der Gabel 3- oder 4-mal durch die Eiskristalle ziehen.

In der Zwischenzeit den Ricotta in eine Schüssel geben und mit einem Schneebesen verrühren. Geriebene Zitronenschale, Honig und Milch hinzufügen und mit dem Schneebesen rühren, bis Sie eine glatte, aber feste Konsistenz haben, die an ein Frosting für einen Kuchen erinnert (eventuell benötigen Sie etwas mehr Milch).

Zum Servieren etwas Ricotta auf Teller oder in Schalen geben. Mit dem Löffelrücken Vertiefungen in der Mitte machen und die Granita darin hineingeben.

ĦELWA TAT-TORK
HALVA

FÜR 20–24 STÜCK

ZUBEREITUNGSZEIT: 5 MINUTEN KOCHZEIT: 10–15 MINUTEN

Der maltesische Name für *halva* bedeutet »Türkensüßigkeit«. *Halva* ist in vielen Ländern des Nahen Ostens zu finden und auch in Malta sehr beliebt. Ich frage mich, warum Tahin eigentlich nicht in herzhaften Rezepten verwendet wird. Aber egal, diese Süßigkeit ist hier, um zu bleiben. Das Tahin-Konfekt wird normalerweise mit Mandeln zubereitet, aber seit ich entdeckt habe, dass auf Malta Pekannussbäume wachsen, verwende ich diese. Sie rösten ein wenig in der heißen Masse und haben eine angenehmere Textur als Mandeln. Ich liebe den Zitrusgeschmack dieser *halva* mit Orangenblütenwasser und -schalen. Wenn Sie kein Fan davon sind, könnte dieses Rezept Sie vielleicht bekehren!

ZUTATEN

260 g weißes Tahin (Sesammus)
1 TL natürliches Vanilleextrakt
1 TL Orangenblütenwasser
Schale von 1 Bio-Orange
80 g Pekannusskerne
200 g Zucker

ZUBEREITUNG

Eine kleine Kastenform mit Backpapier auslegen. Tahin in einem kleinen Topf auf niedrigster Stufe lauwarm erwärmen, dann Vanilleextrakt, Orangenblütenwasser, geriebene Orangenschale und Pekannüsse einrühren und vom Herd nehmen.

In der Zwischenzeit Zucker und 180 ml Wasser bei schwacher Hitze in einem kleinen Topf erwärmen. Rühren, bis der Zucker sich aufgelöst hat, der Sirup wird dann kochen (nicht umrühren, wenn das geschieht). Kochen, bis das Zuckerthermometer 140 °C zeigt. Der Sirup sollte klar bleiben, also nicht karamellisieren, und er sollte so viele Blasen werfen, dass man die Flüssigkeit nicht mehr sieht.

Sirup in die warme Tahin-Mischung geben und schnell unterrühren. Anschließend in die Form geben, bevor daraus ein körniges Konfekt wird. Mindestens 1 Stunde abkühlen lassen.

Die Halva in kleine Quadrate schneiden. Sie hält sich luftdicht verpackt wochenlang.

SINIZZA

FÜR 12 STÜCK

ZUBEREITUNGSZEIT: 40 MINUTEN BACKZEIT: 45 MINUTEN

Maltas genussvolle Variante einer Biskuitrolle ist mit allem Drum und Dran ausgestattet. Eine äußere Teigschicht umhüllt einen Biskuitteig mit einer süßen Ricotta-Füllung, die nach Belieben aromatisiert werden kann. Ich verwende gerne Zartbitterschokolade und Kaktusfeigenlikör (Seite 217) zum Beträufeln. Andere Rezepte enthalten Orangenblütenwasser, Muskatnuss oder kandierte Kirschen. *Sinizza* macht Spaß, sie ergibt ein reichhaltiges, unvergessliches Dessert, das an *cannoli* (oder *kannoli* auf Maltesisch) erinnert. Zählen Sie nur nicht die Kalorien! Die Rolle ist groß genug, um eine kleine Schar von Naschkatzen zu ernähren.

ZUTATEN

FÜR DEN BISKUITTEIG
- 4 Eier (Größe M)
- 200 g sehr feiner Zucker
- 120 g Mehl (Type 550)
- 1 TL Backpulver
- 30 g zerlassene Butter
- 1 TL natürliches Vanilleextrakt

FÜR DIE FÜLLUNG
- 40 g Zartbitterschokolade
- Schale von ½ Bio-Orange
- 500 g Ricotta
- 50 g sehr feiner Zucker
- 40 g gehackte, geröstete Mandeln
- 2 EL gewürfelte kandierte Zitrusschale (nach Belieben)
- 1 TL natürliches Vanilleextrakt

AUSSERDEM
- 1 Lage Blätterteig (ca. 30 x 35 cm)
- 125 g Beerenkonfitüre
- Kaktusfeigenlikör (Seite 217; alternativ Orangenlikör oder Wermut)
- 1 Ei (Größe M)
- 25 g Mandelblättchen
- Puderzucker zum Bestäuben

ZUBEREITUNG

Backofen auf 180 °C (Umluft) vorheizen. Eine rechteckige Biskuitrollenform (ca. 25 x 35 cm) mit Backpapier auslegen.

Eier in einer Rührschüssel hellschaumig aufschlagen. Zucker einrieseln lassen und weitere 5 Minuten rühren — die Eiermasse sollte dick und cremig werden und ihr Volumen um ein Drittel erhöhen. Mehl und Backpulver hineinsieben und vorsichtig unterheben. Butter, 1 EL warmes Wasser und Vanilleextrakt gut untermischen. Den Teig in die Form füllen und 20–25 Minuten im heißen Backofen (Mitte) backen, bis der Biskuit goldgelb ist. 5 Minuten in der Form ruhen lassen, dann umgedreht auf einem Gitter abkühlen lassen. Den Backofen nicht ausschalten.

Für die Füllung die Schokolade grob hacken und mit der geriebenen Orangenschale sowie den restlichen Zutaten in einer Schüssel vermischen.

Den Biskuit auf 20 x 30 cm zuschneiden. Blätterteig auf ein Stück Backpapier legen. Weicht die Größe von 30 x 35 cm ab, den Teig ausrollen oder Überschuss abschneiden. Mit der Hälfte der Konfitüre bestreichen, dabei einen freien Rand von 5 cm lassen. Den Biskuitboden darauflegen, mit Likör beträufeln und mit restlicher Konfitüre bestreichen. Die Ricotta-Füllung gleichmäßig darauf verteilen. Von der Längsseite her aufrollen, die Enden dabei gut festdrücken.

Das Ei verquirlen. Die Rolle mit dem Backpapier auf ein Backblech setzen, mit dem verquirltem Ei bestreichen und mit Mandelblättchen bestreuen. Im heißen Backofen (Mitte) in 20 Minuten goldgelb backen. *Sinizza* vollständig abkühlen lassen, dann mit Puderzucker bestäuben und in Scheiben schneiden.

SFINEĠ TA' SAN ĠUŻEPP

ST. JOSEPH'S FRITTER MIT RICOTTA

FÜR 12–14 STÜCK

ZUBEREITUNGSZEIT: 30 MINUTEN BACKZEIT: 20 MINUTEN

Diese süßen Fritter aus Brandteig mit Ricotta-Füllung sind auch als *zeppoli* bekannt. Zweifellos sind sie eine Weiterentwicklung der sizilianischen *sfinci* und schmecken köstlich zum Kaffee. Traditionell werden sie am 19. März zum Fest des Heiligen Joseph zubereitet. Die pikante Version dieser Krapfen finden Sie auf Seite 50.

ZUTATEN

FÜR DEN BRANDTEIG
- 100 g Butter
- 120 ml Milch
- 150 g Mehl (Type 550)
- Salz
- 4 Eier (Größe M)

FÜR DIE FÜLLUNG
- 500 g Ricotta
- ⅛ TL natürliches Vanilleextrakt
- 90 g Puderzucker
- 40 g gewürfelte, kandierte Zitrusschale
- 40 g gehackte, geröstete Mandeln

AUSSERDEM
- 1 l neutrales Pflanzenöl (z. B. Sonnenblumenöl)
- Honig und geröstete, gehackte Mandeln zum Servieren

ZUBEREITUNG

Butter, Milch und 120 ml Wasser in einen mittelgroßen Topf geben. Bei mittlerer Hitze die Butter schmelzen. Mehl einsieben, kräftig einrühren, sodass sich eine Paste bildet. 1 Prise Salz hinzugeben und unter ständigem Rühren mit einem Holzlöffel weitere 4 Minuten bei schwacher Hitze auf dem Herd lassen. Die restliche Feuchtigkeit soll »weggekocht« werden und auf dem Boden des Topfes ein feiner Film entstehen. Den Teig bis zum Rand in eine große Schüssel geben, damit er schnell abkühlt.

Die Eier verquirlen. Wenn der Teig etwas mehr als Zimmertemperatur hat, mit dem Holzlöffel nach und nach die Eier einrühren. Der Teig ist fertig, wenn er glänzt und man eine Mulde in der Mitte formen kann, die bleibt (Sie brauchen womöglich nicht alle Eier). Die Zutaten für die Füllung in einer Schüssel vermengen.

Das Öl in einem Topf mit dickem Boden erhitzen und ein kleines Stück Teig hineinwerfen. Es sollte zischen. Zu heiß sollte das Öl nicht sein, dann werden die Fritter zu dunkel.

Mit einem Metalllöffel esslöffelweise Teighäufchen abnehmen und kleine Ovale formen. Vorsichtig ins Öl geben. Ihre Größe sollte sich schnell verdoppeln. Regelmäßig wenden und portionsweise in etwa 5 Minuten goldgelb frittieren.

Die Fritter mithilfe eines Teelöffels mit etwas Ricotta füllen und auf einen Teller legen. Etwas Honig darauf träufeln und mit Mandeln bestreuen. Mit restlicher Füllung und Mandeln servieren, sodass sich jeder Nachschlag nehmen kann.

BAJTRA LIQUEUR
KAKTUSFEIGEN-LIKÖR

FÜR CA. 1,3 LITER

ZUBEREITUNGSZEIT: 30 MINUTEN + 10 TAGE ZIEHZEIT KOCHZEIT: 5 MINUTEN

Dicke Steinmauern, die mit unglaublicher Präzision von Hand gebaut wurden, unterteilen die Grundstücke auf ganz Malta. Hier finden Sie nahezu endlos Feigenkakteen, die als Windschutz wachsen. Der Kaktus, der von den Malteser*innen auch Berberfeige genannt wird, gedeiht bestens im maltesischen Klima. Im Herbst werden die vielen Früchte zur Herstellung von Konfitüre, Sirup und Likör verwendet — herrlich bernsteinfarben. Die Feigen sind wegen ihrer Stacheln mit Vorsicht zu behandeln, die Stachel sind groß und gut zu erkennen, aber auch klein und haarartig. Das Hantieren und Kochen der Frucht macht viel Spaß und der Geschmack ist einzigartig. Er erinnert mich an Melone mit einem Hauch von künstlichem Bonbon.

ZUTATEN

1 kg Kaktusfeigen
500 ml Wodka
300 g Zucker

ZUBEREITUNG

Um die Hände vor den Stacheln zu schützen, sollte man die Kaktusfeigen am besten mit einer Gabel »erdolchen« oder die Hand mit einem dicken Handtuch oder mit Handschuhen schützen. Die Enden der Kaktusfeigen abschneiden. Jede Feige 4-mal flach einschneiden, und zwar längs durch die Haut von oben nach unten. Vorsichtig die Schale abschälen.

Die geschälten Kaktusfeigen in ein großes Glas legen und mit Wodka begießen. Verschließen und 10 Tage an einem dunklen Ort ziehen lassen. Das Getränk entwickelt dann eine schöne Bernsteinfärbung.

700 ml Wasser erhitzen, Zucker zugeben und unter Rühren vollständig auflösen. Abkühlen lassen. Wodka in der Zwischenzeit durch ein feines Sieb abgießen und die Früchte entfernen.

Zuckersirup zum Wodka geben. In Flaschen abfüllen und im Kühlschrank aufbewahren. *Bajtra* gut gekühlt in kleinen Gläsern servieren.

IMQARET
TEIGTASCHEN MIT DATTELN

FÜR CA. 10 STÜCK

ZUBEREITUNGSZEIT: 35 MINUTEN + 30 MINUTEN KÜHLZEIT KOCHZEIT: 20 MINUTEN

Der Name dieser frittierten Teigtaschen bedeutet übersetzt »Diamanten«. Sie sind den nordafrikanischen *makrout* verblüffend ähnlich, nur, dass bei diesen die Dattelfüllung von einem Grießteig umhüllt ist. *Imqaret* ist eines der Hauptdesserts auf Malta, und man findet es in vielen Haushalten und Bäckereien. Für die Taille sind sie nicht so gut, vor allem, seit es populär geworden ist, sie noch warm aus der Fritteuse mit Vanilleeis zu servieren! Für Gesundheitsbewusste können sie auch im Ofen gebacken werden.
Die Füllung ist einfach zuzubereiten und kann nach Belieben gewürzt werden. Wenn Sie kein Orangenblütenwasser haben, verstärken Sie den Geschmack mit frischer Orangenschale. Ich finde, dass der nach Anis duftende Teig hier den Zauber ausmacht.

ZUTATEN

FÜR DIE FÜLLUNG
- **200 g Datteln (ohne Stein)**
- **Saft und Schale von ½ Bio-Orange**
- **½ TL Gewürzmischung** (Mischung aus gem. Koriander, Piment, Zimt, Muskat, Ingwer, Nelken)
- **1 EL Orangenblütenwasser** (alternativ Wasser)

FÜR DEN TEIG
- **200 g Mehl (Type 550)**, plus etwas mehr zum Arbeiten
- **1 TL gemahlener Anis**
- **1 TL Backpulver**
- **50 g Butter**
- **1 EL Puderzucker**
- **1 Ei (Größe M)**

AUSSERDEM
- **1 l neutrales Pflanzenöl** (z. B. Sonnenblumen- oder Rapsöl)

ZUBEREITUNG

Für die Füllung die Datteln hacken und zusammen mit den restlichen Zutaten in einen Topf geben und bei schwacher Hitze erwärmen, ab und zu umrühren. Erwärmen, bis die Datteln zu einer Paste zerfallen. Ggf. etwas Wasser zugeben. Topf vom Herd nehmen und die Füllung gut abkühlen lassen.

Für den Teig Mehl, Anis und Backpulver in einer Rührschüssel mischen. Butter hinzugeben und mit den Händen einarbeiten, bis das Ganze eine krümelige Konsistenz hat und an groben Sand erinnert. Den Zucker untermengen. Das Ei verquirlen und hinzugeben. Die Masse zu einem Teig formen. Teig zu einer Platte formen, in Frischhaltefolie wickeln und für 30 Minuten in den Kühlschrank legen.

Teig auf einer leicht bemehlten Arbeitsfläche zu einem 45 x 25 cm großen Rechteck ausrollen. Die Dattelmasse längs in einer Linie in der Mitte verteilen. Oberhalb der Dattelmasse eine Linie Wasser aufstreichen. Den Teig falten und an der zuvor befeuchteten Stelle gut zusammendrücken. Den überschüssigen Teig abschneiden.

Teigstreifen in 5-cm-Intervallen in Rauten schneiden. (Den überschüssigen Teig nicht wegwerfen, daraus können Sie eine alte Süßigkeit zubereiten — *xkunvat*: Schneiden Sie den Teig in Streifen und formen Sie Spiralen und Zöpfe. Braten und servieren Sie sie mit Zucker bestreut oder mit Honig beträufelt.)

Öl in einem Topf mit dickem Boden erhitzen, werfen Sie ein kleines Stück Teig hinein, um festzustellen, ob es zischt. Die Teigtaschen portionsweise goldgelb frittieren. Mit einem Schaumlöffel herausnehmen und auf Küchenpapier gut abtropfen lassen. Nach Belieben mit Vanilleeis servieren.

Postkarte #05

Schlängel dich hinunter zur Fähre.
Vertritt dir die Beine; erspähe sie im Norden.
Ein schneller Espresso an Bord.
Draußen die salzige Gischt einatmen.
An Comino vorbeifahren und einen kurzen Blick auf die Lagune werfen.
Steig' den Hügel hinauf; die Brote von Nadur erwarten dich.
Tauch' die Zehen in den Sand der Ramla Bay.
Schnorchel' unter dem grellen Licht der Klippen von Wied il-Għasri.
Schlürfe ein Cisk-Lagerbier und beobachte die Menschen auf dem
St. Francis Square.
Wandere auf den Sanap-Klippen, pflücke Kapern und genieße die
Aussicht.
Spiel' mit dem Schwindelgefühl, aber sei vorsichtig.
Fahr' nach Xlendi, iss Marinara am Yachthafen, das Wasser plätschert
und die Sonne über phönizischen Wracks geht unter.

MALTESISCHE ORANGEN-TARTE

FÜR 8—10 PORTIONEN

ZUBEREITUNGSZEIT: 25 MINUTEN + 30 MINUTEN KÜHLZEIT BACKZEIT: 45 MINUTEN

In der kulinarischen Bibel *Larousse Gastronomique* wird die »Sauce Maltaise« als eine pikante Zubereitung der Hollandaise, gewürzt mit Blutorangen, erwähnt. Eine Zeitlang waren Blutorangen als »maltesische Orangen« bekannt — sie galten als so wertvoll, dass man sie jedes Jahr zu Marie Antoinette nach Versailles schickte. Dieses Rezept fängt die Köstlichkeit der Blutorange in einer samtigen Creme ein, die in einer zarten Kruste serviert wird.

ZUTATEN

FÜR DEN MÜRBETEIG
- 150 g Mehl (Type 550), plus etwas mehr zum Arbeiten
- 50 g Puderzucker
- 75 g kalte Butter
- 1 Eigelb (Größe M)
- 1 EL Eiswasser

FÜR DIE BLUTORANGEN-CREME
- 3 Eier (Größe L)
- 150 g feiner Zucker
- Schale von ½ Bio-Blutorange
- 100 ml Blutorangensaft
- 1 EL Zitronensaft
- 110 g weiche Butter

AUSSERDEM
- 1 Bio-Blutorange zum Garnieren

ZUBEREITUNG

Für den Teig Mehl, Zucker und gewürfelte Butter in eine Schüssel geben und mit den Händen vermengen, bis eine krümelige Konsistenz entsteht und das Ganze an groben Sand erinnert. Eigelb und Eiswasser unterarbeiten. Den Teig zu einer Kugel formen, in Frischhaltefolie wickeln und 30 Minuten kalt stellen.

Für die Creme Eier, Zucker, geriebene Orangenschale, Orangen- und Zitronensaft in eine hitzefeste Schüssel geben und verrühren. Die Schüssel bei schwacher bis mittlerer Hitze auf ein heißes Wasserbad stellen. Unter häufigem Rühren mit einem Holzlöffel 15—20 Minuten köcheln bzw. so lange, bis die Masse eindickt. Wenn man mit der Rückseite eines Löffels eine Linie durch die Creme ziehen kann und diese bleibt, ist die Creme fertig. Butter in kleine Stücke schneiden und einrühren, die Schüssel dann vom Wasserbad nehmen.

Den Backofen auf 170 °C (Umluft) vorheizen. Eine Tarteform (Ø 24 cm) mit abnehmbarem Boden mit Butter fetten. Den Teig auf einer bemehlten Arbeitsfläche ausrollen und Boden und Rand der Form damit auslegen. Mit einer Teigrolle über die Form rollen, dann die Überschüsse abschneiden. Ein Stück Backpapier auf den Teig legen und mit getrockneten Bohnen oder Reis belegen. Für 15 Minuten blindbacken, dann Papier und Bohnen entfernen und für weitere 5 Minuten backen. Abkühlen lassen.

Die Creme auf dem Boden verstreichen und weitere 10 Minuten backen. Tarte abkühlen lassen, dann in den Kühlschrank stellen und kalt servieren.

Für die Garnitur die Blutorange in Scheiben schneiden. Scheiben auf einen Gitterrost legen und diesen die letzten 5 Minuten der Backzeit mit in den Backofen schieben. Im Ofen lassen, die Tür dabei leicht offenhalten.

TORTA SAN MARTIN
ST. MARTIN'S FRUCHT-NUSS-KUCHEN

FÜR 8 PORTIONEN

ZUBEREITUNGSZEIT: 30 MINUTEN + 1 STUNDE EINWEICHZEIT BACKZEIT: 1 STUNDE 15 MINUTEN

Am Martinstag im November gibt es auf Malta Walnüsse, Mandeln und getrocknete Feigen in Hülle und Fülle. Es ist Sitte, Kindern Tüten mit Süßigkeiten, Trockenfrüchten und Nüssen zu schenken, die denen in diesem Kuchen ähneln. Und es gibt einen traditionellen Reim zu Ehren der Lebensmittel und des Heiligen. Viele Martinsrezepte enthalten diese Zutaten, wobei dieser Kuchen besonders beliebt ist. Er ist kompakt und eiweißhaltig und hält sich tagelang.

ZUTATEN

- **120 g getrocknete Feigen**
- **60 ml dunkler Rum** (alternativ Wermut)
- **150 g weiche Datteln** (ohne Stein)
- **80 g Walnusskerne**, plus 1 Handvoll zum Garnieren
- **1 großer Apfel** (ca. 170 g; alternativ 2 kleine)
- **100 g gehackte, geröstete Mandeln**, plus 1 Handvoll zum Garnieren
- **100 g gehackte, geröstete Haselnusskerne**, plus 1 Handvoll zum Garnieren
- **80 g Rosinen**, plus 1 Handvoll zum Garnieren
- **Schale von 1 Bio-Zitrone**
- **200 g Mehl** (Type 550)
- **150 g weiche Butter**
- **120 g Zucker**
- **4 Eier** (Größe L)
- **1 TL Backpulver**
- **1 TL gemahlener Zimt**
- **1 TL Gewürzmischung** (Mischung aus gem. Koriander, Piment, Zimt, Muskat, Ingwer, Nelken)
- **½ TL gemahlene Nelken**
- **4 EL Honig**

ZUBEREITUNG

Feigen in dünne Scheiben schneiden und in Rum 1 Stunde einweichen. Datteln hacken und mit 100 ml Wasser in einen Topf geben, bei mittlerer Hitze erhitzen. Sobald es köchelt, Topf vom Herd nehmen und die Datteln mithilfe einer Gabel pürieren. Abkühlen lassen.

Die Walnüsse hacken, Apfel schälen, vom Kerngehäuse befreien und reiben. Beides zusammen mit den restlichen Nüssen, Rosinen, Zitronenschale und 2 EL Mehl zur Dattelpaste geben und gut vermengen.

Den Backofen auf 165 °C (Umluft) vorheizen.

In einer großen Rührschüssel Butter und Zucker blass-schaumig rühren. Die Eier einzeln unterrühren. Restliches Mehl in eine separate Schüssel sieben und Backpulver und Gewürze untermischen. Dann zur Buttermasse geben, gefolgt von den Nüssen und den Früchten. Die Zutaten gut vermengen und in eine bemehlte Backform füllen. Nusskerne für die Garnitur mit Rosinen und Honig mischen. Die Mischung auf den Kuchen geben. Werden sie beim Backen zu dunkel, mit Alufolie abdecken.

Im Backofen (Mitte) 10 Minuten backen, dann die Temperatur auf 160 °C reduzieren und weitere 55—60 Minuten backen. 10 Minuten in der Form abkühlen lassen, dann herausnehmen und auf einen Rost legen. Mindestens 1 Stunde abkühlen lassen, bevor er serviert wird.

IMBULJUTA TAL-QASTAN
KASTANIEN-KAKAO

FÜR 6–8 PORTIONEN

ZUBEREITUNGSZEIT: 10 MINUTEN + EINWEICHZEIT ÜBER NACHT KOCHZEIT: 1 STUNDE

Dieses gehaltvolle, warme Getränk wird zu Weihnachten und Silvester serviert. Kakao und Kastanien zusammen mit Nelken, Zimt, Orange, Sternanis — können Sie sich eine weihnachtlichere Mischung vorstellen? Ich kann es nicht; der Geruch erfüllt das ganze Haus!
Da das Getränk keine Milch enthält, ist es vegan. Wenn Sie das Bedürfnis nach einer zusätzlichen Stärkung verspüren, fügen Sie einfach Kaffeelikör, Whisky, Rum oder Baileys hinzu, denn sie alle passen hervorragend zu diesem Getränk.

ZUTATEN

- **250 g getrocknete Esskastanien**
- **Schale von 2 großen Bio-Orangen**
- **150 g brauner Zucker**
- **50 g Backkakao**
- **1 Zimtstange**
- **1 Sternanis**
- **6 Nelken**
- **1 TL Pumpkin-Pie-Gewürz (Kürbisgewürz)**
- **1 EL Speisestärke**

ZUBEREITUNG

Kastanien schälen und über Nacht einweichen.

Am nächsten Tag die Kastanien abgießen und in einen großen Topf geben. 1 Orange heiß abwaschen und die Schale fein abreiben. Zusammen mit 1,5 l Wasser und den restlichen Zutaten, außer der Speisestärke, in den Topf geben, umrühren und zum Kochen bringen, dann mit leicht geöffnetem Deckel etwa 1 Stunde köcheln.

Zimtstange, Sternanis und so viele Nelken wie möglich herausnehmen. Mit dem Rücken eines großen Löffels die Kastanien gegen den Topfrand drücken, um sie etwas zu zerkleinern. Speisestärke mit 1 ½ EL Wasser anrühren, in den Topf geben und das Ganze andicken. In Bechern oder kleinen Schüsseln mit Orangenzesten servieren.

PRINJOLATA

FÜR 6—8 PORTIONEN

ZUBEREITUNGSZEIT: 40 MINUTEN + 3 STUNDEN KÜHLZEIT KOCHZEIT: 15 MINUTEN

Dieser dekadente Kuchen ähnelt einer Art Kronjuwel — eine weiße Kuppel, mit Nüssen und kandierten Kirschen bedeckt — und ist in der Karnevalszeit überall auf Malta zu finden. Die Rezepte haben sich über Jahrhunderte entwickelt und variieren stark: Die Füllung kann aus Kuchen sowie ganzen oder zerkleinerten Keksen bestehen, und die Außenseite kann aus Sahne oder Baiser zubereitet werden. Unabhängig davon muss der Kuchen groß sein und Pinienkerne enthalten (*prinjol* bedeutet Pinienkerne).

Für die *prinjolata* können Sie Ihre eigenen Kekse oder einen Kuchen backen, aber ich finde den Aufwand nicht gerechtfertigt — der Geschmack geht in der herrlichen Buttercreme etwas unter. Stattdessen verwende ich *savoiardi*-Kekse (auch bekannt als Löffelbiskuits). Der Kuchen wird damit genauso schmackhaft.

ZUTATEN

FÜR DIE FÜLLUNG
- 30 g Pinienkerne
- 100 g gemahlene Mandeln
- 200 g weiche Butter
- 3 EL Puderzucker
- 200 ml gezuckerte Kondensmilch
- 200 g Löffelbiskuits
- 3 EL Wermut

FÜR DAS BAISER
- 150 g Zucker
- 2 zimmerwarme Eiweiß (Größe M)
- ¼ TL Weinsteinbackpulver

FÜR DEN BELAG
- 50 g Zartbitterschokolade
- 50 g geröstete Pinienkerne
- 20 g geröstete Pistazienkerne
- 10 kandierte Kirschen (halbiert)

ZUBEREITUNG

Für die Füllung die Pinienkerne in einer trockenen Pfanne leicht rösten. Wenn sie goldgelb sind, gemahlene Mandeln zugeben und auch leicht rösten. Zum Abkühlen beiseitestellen.

Butter und Puderzucker in einer großen Schüssel verrühren, bis eine blass-schaumige Masse entsteht. Nach und nach die Kondensmilch unterrühren. Die Löffelbiskuits halbieren und mit Wermut, den gerösteten Pinienkernen und Mandeln mit einem Holzlöffel untermengen. Es ist völlig in Ordnung, wenn die Löffelbiskuits in kleinere Stücke zerbrechen. Die Füllung in eine hohe Schüssel (meine ist 10 cm breit und 17 cm hoch), mit Frischhaltefolie ausgelegt, füllen. Füllung herunterdrücken, dann mindestens 3 Stunden in den Kühlschrank stellen.

Für das Baiser Zucker und 65 ml Wasser in einen kleinen Topf geben und sanft erhitzen, rühren, bis der Zucker sich vollständig aufgelöst hat. Auf mittlere Hitze erhöhen und den Sirup zum Kochen bringen. In der Zwischenzeit Eiweiß und Weinstein in einer hitzefesten Schüssel aufschlagen, bis weiche Spitzen entstehen. Wenn der Sirup 116 °C (Zuckerthermometer) heiß ist, den Sirup langsam zum Eiweiß geben, das Rührgerät dabei laufen lassen. Einige Minuten weiterrühren, bis der Boden der Schüssel nicht mehr heiß ist. Das Baiser kann im Voraus zubereitet und im Kühlschrank aufbewahrt werden.

Die gekühlte Füllung auf einen Kuchenteller stürzen. Frischhaltefolie abziehen. Mit einem Spatel das Baiser rundherum glatt um die Kuppel verstreichen. Schokolade über dem heißen Wasserbad oder in der Mikrowelle schmelzen, in einen Spritzbeutel füllen und über die Kuppel Linien aufspritzen. Kuppel um 90 Grad drehen und weitere Linien aufspritzen, um einen Kreuz-und-quer-Effekt zu erzeugen. Mit Pinienkernen, Pistazienkernen und Kirschen garnieren. In ca. 1 Stunde Zimmertemperatur annehmen lassen, dann servieren.

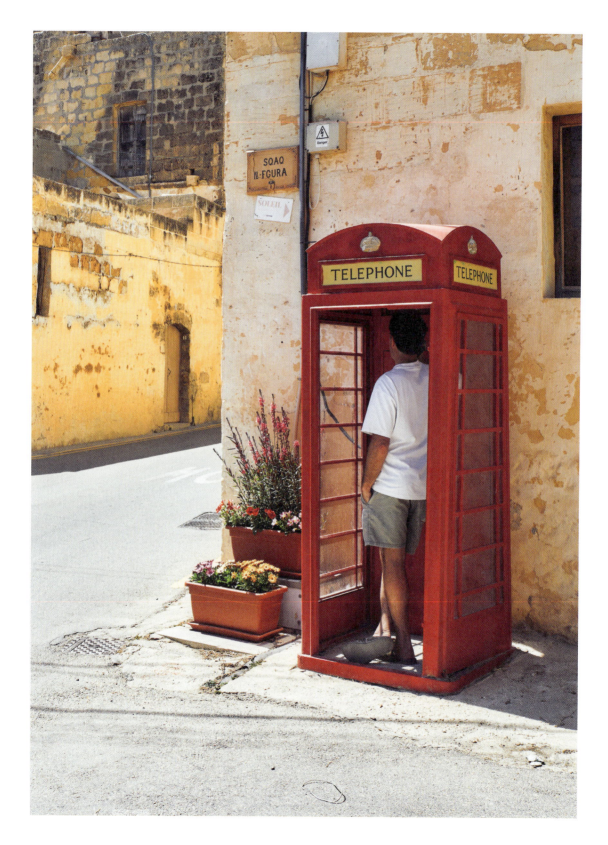

Danksagung

Meine Liebe und mein Respekt gehen an Linda, Max und Leon, danke für eure Geduld und euer Verständnis, und dass ihr mir die Möglichkeit gegeben habt, dieses Buch zu schreiben.

Danke an meine Familie in Australien, dass ihr meine Leidenschaft für Essen und Kultur bestärkt habt.

Dieses Buch hätte ohne die Hilfe vieler Menschen, die meine Recherchen unterstützt haben, nicht entstehen können.

Die Familie Mattei, insbesondere Emma und Pippa. Phillip Spiteri, Liam Gauci, Dorianne Kurtcu Mifsud, Carina Dimech, Julia Busuttil Nishimura, Scott Duffy, Emily Caruana, Arthur Grima, Lawrence und David Bajada, Rikkardu Zammit, Sam Cremona, George Zammit, Ryan Psailla, Alexandra Valetta, Darrell Azzopardi, Sharon Falzon, die Familie Agius auf der Tal-Karmnu-Farm, Kenneth Abela, Carmello Micallef und all die namenlosen Malteser*innen, die ich zu Gesprächen über Lebensmittel eingeladen habe.

Register

A

Äpfel
St. Martin's Frucht-Nuss-Kuchen 225
Artischocken
Gefüllte Artischocken 168
Auberginen
Aubergine mit Minze und Pfeffer-*ġbejniet* 170
Gebackene Aubergine und Zwiebeln mit Basilikum 61
Kapunata 177

B

Basilikum
Gebackene Aubergine und Zwiebeln mit Basilikum 61
Blattspinat
Blattspinat mit Sardellen und Zitrone 175
Lampuki Pie 131
Qassatat 36
Spinat-Thunfisch-Pie 124
Blumenkohl
Blumenkohl mit Wurst, Eiern und *ġbejniet* 159
Lampuki Pie 131
Witwensuppe 183
Blutorangen
Maltesische Orangen-Tarte 222
Brot
Brotpudding 207
Gefüllter Kalmar 128
Spaghetti mit Bottarga und Semmelbröseln 104

C

Chayote
Gemüsesuppe mit Schweinefleisch 147
Chinotto
Geschmortes Kaninchen 150
Couscous
Kuskus 101

D

Datteln
Brotpudding 207
St. Martin's Frucht-Nuss-Kuchen 225
Teigtaschen mit Datteln 218

E

Eier
Blumenkohl mit Wurst, Eiern und *ġbejniet* 159
Maltesische Rühreier 54
Erbsen
Geschmortes Kaninchen 150
Lampuki Pie 131
Pastizzi 40
Rindfleisch-Oliven 156
Spinat-Thunfisch-Pie 124
Erdbeeren
Erdbeerparfait aus Schafsmilch mit Pistazien 205
Esskastanien
Kastanien-Kakao 227

F

Feigen
St. Martin's Frucht-Nuss-Kuchen 225
Fenchel
Gefüllter Sommerkürbis 188
Geschmortes Schweinefleisch mit Gemüse 155
Maltesische Kartoffeln 185
Venusmuscheln mit Safran und Fenchel 138
Fisch
Bottarga
Spaghetti mit Bottarga und Semmelbröseln 104
Jungfisch-Fritter 134
Knoblauch-Fisch-Suppe 115
Mahi Mahi
Lampuki mit Tomaten-Kapern-Sauce 137
Lampuki Pie 131
Sardellen
Blattspinat mit Sardellen und Zitrone 175
Gefüllte Artischocken 168

    Gefüllte Oliven 35
    Maltesisches Brot 68
    Qassatat 36
    Sardellen-Fritter 50
    Thunfisch-Tomaten-Dip 58
  Schwertfisch
    Schwertfisch-Carpaccio 122
  Thunfisch
    Gefüllte Oliven 35
    Gepökelter Thunfisch & Romano-Bohnen 116
    Maltesisches Brot 68
    Spinat-Thunfisch-Pie 124
    Thunfisch-Frikadellen 119
    Thunfisch-Tomaten-Dip 58
Fleisch
  Huhn
    Timpana 161
  Kaninchen
    Geschmortes Kaninchen 150
  Lamm
    Griechische Pasta 95
  Rind
    Makkaroni aus dem Ofen 98
    Rindfleisch-Oliven 156
  Schwein
    Blumenkohl mit Wurst, Eiern und *ġbejniet* 159
    Gebackener Reis 148
    Gefüllter Sommerkürbis 188
    Gemüsesuppe mit Schweinefleisch 147
    Griechische Pasta 95
    Kusksu 101
    Ravioli mit maltesischer Wurst 102
    Rindfleisch-Oliven 156
    Timpana 161
Frühlingszwiebeln
  Salat aus Riesenbohnen 39

Galletti
  Thunfisch-Tomaten-Dip 58
  Wassercracker 74

ġbejniet-Käse
  Aubergine mit Minze und Pfeffer-*ġbejniet* 170
  Blattspinat mit Sardellen und Zitrone 175
  Blumenkohl mit Wurst, Eiern und *ġbejniet* 159
  Käselaibchen aus Schafsmilch 46
  Kusksu 101
  Maltesisches Brot 68
  Pizzabrot aus Gozo 77
  Ravioli aus Gozo 86
  Tomaten-Kapern-Salat mit *ġbejniet* 167
  Witwensuppe 183
Grapefruit
  Schwertfisch-Carpaccio 122

Haselnüsse
  St. Martin's Frucht-Nuss-Kuchen 225
Honig
  Mandelkekse für die Fastenzeit 194
  St. Martin's Frucht-Nuss-Kuchen 225

J

Johannisbrotsirup
  Lorbeer-Panna-Cotta mit Maulbeeren 200

K

Kaffee
  Maltesische Kaffee-Granita mit Ricotta 208
Kaktusfeigen
  Kaktusfeigenlikör 217
Kaktusfeigenlikör
  Sinizza 212
Kapern
  Gefüllte Oliven 35
  Gefüllter Kalmar 128
  Kapunata 177
  Lampuki mit Tomaten-Kapern-Sauce 137
  Lampuki Pie 131
  Maltesisches Brot 68

Schwertfisch-Carpaccio 122
Tomaten-Kapern-Salat mit *ġbejniet* 167
Kartoffeln
Gefüllte Artischocken 168
Gemüsesuppe 180
Gemüsesuppe mit Schweinefleisch 147
Geschmortes Kaninchen 150
Geschmortes Schweinefleisch mit Gemüse 155
Maltesische Kartoffeln 185
Pizzabrot aus Gozo 77
Thunfisch-Frikadellen 119
Witwensuppe 183
Kirschen, kandiert
Prinjolata 228
Knoblauch
Aljotta — Knoblauch-Fisch-Suppe 115
Geschmortes Kaninchen 150
Kohlrabi
Witwensuppe 183
Kondensmilch, gezuckert
Prinjolata 228
Kunserva (Tomatenmark)
Maltesisches Brot 68
Kürbis
Gefüllter Sommerkürbis 188
Gemüsesuppe 180
Gemüsesuppe mit Schweinefleisch 147

L

Labpulver
Käselaibchen aus Schafsmilch 46
Lauch
Gemüsesuppe 180
Löffelbiskuits
Prinjolata 228
Lorbeer
Lorbeer-Panna-Cotta mit Maulbeeren 200

M

Mandeln
Mandelkekse für die Fastenzeit 194
Mandel-Makronen 198
Prinjolata 228
Sinizza 212

St. Joseph's-Fritter mit Ricotta 214
St. Martin's Frucht-Nuss-Kuchen 225
Maulbeeren
Lorbeer-Panna-Cotta mit Maulbeeren 200
Meeresfrüchte
Gefüllter Kalmar 128
Spaghetti mit Seeigel 85
Tintenfischsalat 112
Venusmuscheln mit Safran und Fenchel 138
Minze
Aubergine mit Minze und Pfeffer-*ġbejniet* 170
Möhren
Gemüsesuppe 180
Gemüsesuppe mit Schweinefleisch 147
Geschmortes Kaninchen 150
Schnecken in Kräuter-Tomaten-Brühe 144

O

Oliven
Gefüllte Artischocken 168
Gefüllte Oliven 35
Gefüllter Kalmar 128
Kapunata 177
Lampuki mit Tomaten-Kapern-Sauce 137
Lampuki Pie 131
Maltesisches Brot 68
Qassatat 36
Spinat-Thunfisch-Pie 124
Thunfisch-Tomaten-Dip 58
Orangenblütenwasser
Halva 211
Mandel-Makronen 198
Teigtaschen mit Datteln 218

P

Paprika
Kapunata 177
Parmesan
Gebackene Muschel-Pasta mit Ricotta 91
Gebackener Reis 148
Gemüsesuppe mit Schweinefleisch 147
Griechische Pasta 95
Makkaroni aus dem Ofen 98
Rindfleisch-Oliven 156

Timpana 161
Vermicelli-Parmesan-Pie 92
Pasta
Gebackene Muschel-Pasta mit Ricotta 91
Gemüsesuppe mit Schweinefleisch 147
Griechische Pasta 95
Makkaroni aus dem Ofen 98
Spaghetti mit Bottarga und Semmelbröseln 104
Spaghetti mit Seeigel 85
Timpana 161
Vermicelli-Parmesan-Pie 92
Pekannüsse
Halva 211
Pinienkerne
Prinjolata 228
Pistazien
Erdbeerparfait aus Schafsmilch mit Pistazien 205
Prinjolata 228
Pumpkin-Pie-Gewürz
Heferinge 78
Honigringe 197
Kastanien-Kakao 227

R

Reis
Gebackener Reis 148
Knoblauch-Fisch-Suppe 115
Reismehl
Mandel-Makronen 198
Ricotta
Gebackene Muschel-Pasta mit Ricotta 91
Maltesische Kaffee-Granita mit Ricotta 208
Pastizzi 40
Sinizza 212
St. Joseph's-Fritter mit Ricotta 214
Riesenbohnen
Salat aus Riesenbohnen 39
Romano-Bohnen
Gepökelter Thunfisch & Romano-Bohnen 116
Rosinen
Kapunata 177
St. Martin's Frucht-Nuss-Kuchen 225
Rotwein
Geschmortes Kaninchen 150
Makkaroni aus dem Ofen 98
Rindfleisch-Oliven 156

Rum
St. Martin's Frucht-Nuss-Kuchen 225

S

Safran
Gebackener Reis 148
Venusmuscheln mit Safran und Fenchel 138
Saubohnen
Gemüsesuppe 180
Kusksu 101
Witwensuppe 183
Schafsmilch
Erdbeerparfait aus Schafsmilch mit Pistazien 205
Käselaibchen aus Schafsmilch 46
Schnecken
Schnecken in Kräuter-Tomaten-Brühe 144
Schokolade
Honigringe 197
Lorbeer-Panna-Cotta mit Maulbeeren 200
Prinjolata 228
Sinizza 212
Sellerie
Gemüsesuppe mit Schweinefleisch 147
Sesam
Heferinge 78
Spinat-Thunfisch-Pie 124
Sirup, dunkel
Honigringe 197
Speck
Rindfleisch-Oliven 156
Staudensellerie
Gemüsesuppe 180
Kapunata 177
Witwensuppe 183
Sultaninen
Lampuki Pie 131

T

Tahin
Halva 211
Tic-Bohnen
Tic-Bohnen-Dip 44
Tomaten
Blumenkohl mit Wurst, Eiern und *ġbejniet* 159

Gebackene Muschel-Pasta mit Ricotta 91
Gebackener Reis 148
Gefüllter Kalmar 128
Geschmortes Kaninchen 150
Kapunata 177
Knoblauch-Fisch-Suppe 115
Lampuki mit Tomaten-Kapern-Sauce 137
Lampuki Pie 131
Makkaroni aus dem Ofen 98
Maltesische Rühreier 54
Maltesisches Brot 68
Ravioli aus Gozo 86
Schnecken in Kräuter-Tomaten-Brühe 144
Spaghetti mit Seeigel 85
Timpana 161
Tintenfischsalat 112
Tomaten-Kapern-Salat mit ġbejniet 167
Vermicelli-Parmesan-Pie 92

Zucchini
Gemüsesuppe 180
Schweinefleisch mit Gemüse 155
Witwensuppe 183
Zwiebeln
Gebackene Aubergine und Zwiebeln mit Basilikum 61

V

Weißkohl
Gemüsesuppe 180
Gemüsesuppe mit Schweinefleisch 147
Weißwein
Gefüllter Kalmar 128
Griechische Pasta 95
Schnecken in Kräuter-Tomaten-Brühe 144
Venusmuscheln mit Safran und Fenchel 138
Wermut
Prinjolata 228
Wodka
Kaktusfeigenlikör 217

Z

Zichorienwurzel
Kaffee-Granita mit Ricotta 208
Zitrone
Blattspinat mit Sardellen und Zitrone 175
Gepökelter Thunfisch & Romano-Bohnen 116
Zitrusschale, kandiert
Sinizza 212
St. Joseph's-Fritter mit Ricotta 214

Bibliografische Information der Deutschen Bibliothek.

Die Deutsche Bibliothek verzeichnet diese Publikation in der Deutschen Nationalbibliografie. Detaillierte bibliografische Daten sind im Internet über http://www.dnb.de/abrufbar.

Alle in diesem Buch veröffentlichten Abbildungen sind urheberrechtlich geschützt und dürfen nur mit ausdrücklicher schriftlicher Genehmigung des Verlags gewerblich genutzt werden. Eine Vervielfältigung oder Verbreitung der Inhalte des Buchs ist untersagt und wird zivil- und strafrechtlich verfolgt. Das gilt insbesondere für Vervielfältigungen, Übersetzungen, Mikroverfilmungen und die Einspeicherung und Verarbeitung in elektronischen Systemen.

Die im Buch veröffentlichten Aussagen und Ratschläge wurden von Verfasser und Verlag sorgfältig erarbeitet und geprüft. Eine Garantie für das Gelingen kann jedoch nicht übernommen werden, ebenso ist die Haftung des Verfassers bzw. des Verlags und seiner Beauftragten für Personen-, Sach- und Vermögensschäden ausgeschlossen.

Bei der Verwendung im Unterricht ist auf dieses Buch hinzuweisen.

EIN BUCH DER EDITION MICHAEL FISCHER

1. Auflage 2023

Alle Rechte der deutschsprachigen Ausgabe bei
© 2023 Edition Michael Fischer GmbH, Donnersbergstr. 7, 86859 Igling
© 2023 Hardie Grant Books, An Imprint of Hardie Grant Publishing, 52—54 Southwark Street, London SE1 1UN

Erstveröffentlicht bei Hardie Grant Books, London

Titel der Originalausgabe:
Malta — Mediterranean Recipes From The Islands

Aus dem Englischen übertragen von Annerose Sieck

Text: © Simon Bajada
Fotografie: © Simon Bajada
Illustrationen: © Amanda Åkerman
Grafikdesign und Layout: Josephine Johannson
Cover: Silvia Keller
Gesamtherstellung: Theresa Bull
Produktmanagement: Andrea Flor, Lena Buch
Lektorat: Andrea Flor

ISBN 978-3-7459-1787-1

Printed in China

www.emf-verlag.de